HAY QUE HABLAR MÁS

Monólogos de Late Motiv de Andreu Buenafuente

HAY QUE HABLAR MÁS

Monólogos de Late Motiv de Andreu Buenafuente

Andreu Buenafuente
Bob Pop
Javier Durán
David Martos
Joan Grau
Rafel Barceló
Guillem Dols
Marcos Mas
Raúl Navarro
Laura Márquez
Kaco Forns
Javi Valera

movistar
loqueleo

Prólogo

NUNCA ME CANSO DE MONOLOGUEAR

Nunca me cansaré de hacer monólogos. No puedes cansarte de algo que gozas tanto, que te llena tanto, que te permite conectar con el público de tal manera. De entre todas las cosas que hago —¡y mira que hago cosas!—, esta expresión, este registro, es el que más me gusta. Un monólogo (el cómico solo ante su público) es la reducción máxima de la comedia y, como tal, te proporciona una cantidad de «proteínas en vena» que resulta imposible no volverse adicto.

Una vez, alguien intentó ofenderme diciendo «este tío siempre hace lo mismo». Él no lo sabe, pero en realidad me estaba halagando. Porque se trata de eso: hacer aparentemente lo mismo, respetar el género, pero, al mismo tiempo y sin que se note, evolucionar, madurar y sorprender cada noche. Es la misma expresión, pero el contenido cambia como la vida, la actualidad, las cosas que pasan; y en eso llevo casi treinta años. Así que «hacer siempre lo mismo» es una manera de decir: «Todavía no me he cansado y no se han cansado de mí». Toda-

LA LIADA

Lunes, 11 de septiembre de 2017

[Andreu entra a plató con una maleta en la mano].

¡Buenas noches!

Perdón, es que vengo directamente del AVE y traigo la maleta llena de fuets, por si cierran fronteras y no puedo volver a Barcelona. Yo es que, si no como fuet, me muero. Que ya al pasar por la máquina esa que pasan las maletas, el tío me ha mirado como diciendo: «Es un obseso del fuet, ¿no?». Y yo digo: «Que no es un arma, que es para comer». Y el de la máquina: «Sí, sí, anda, pasa *p'alante*, pirata».

Que, seguramente, muchos de vosotros estaréis pensando «¡*parla en català*!». Y otros pensaréis «¡Habla en español, que no se te entiende!». Bueno, pues muy bien, pues adiós.

Si es que no sabéis lo que queréis. Yo sí que no entiendo nada. Madre mía, cómo están las cosas. ¡Qué verano nos han dado entre unos y otros! Antes que nada: yo siento que no puedo empezar sin un recuerdo para Barcelona y Cambrils, dos poblaciones que hoy nos tocan muy de cerca.

Lo que pasó fue una desgracia. A lo mejor por eso algunos reaccionaron como unos desgraciados. Lamentablemente, a raíz de los atentados, mucha gente se retrató. To-

«equidistante», que ahora resulta que es un insulto. O sea, la gente te ve por la calle y te dice: «¡Equidistante! ¡Siempre lo he pensado, tú eres un puto equidistante!». Y tú... ¡Hostia, es que no veo claro nada! «¡¡Eeeeh!! ¡Equidistante!».

Los independentistas están en plan Neymar, se quieren ir sea como sea, y los del PP, en plan Piqué: «Se queda». Nadie se baja de la burra. El único gesto de acercamiento del gobierno con la Generalitat es que Soraya se ha cortado el pelo como Puigdemont. Y eso, a mí, dime tonto, me hace albergar unas grandes posibilidades de diálogo. Seguro que las dos partes van a dialogar y todo va a salir bien (ja, ja, ja). Hay que dialogar más, hombre. Cada uno en su idioma, vale, pero dialogar.

¿Y Rajoy? Mariano ha reaccionado contundentemente sobre el tema al estilo Trump: ha mandado un tuit. Ojo, que este fin de semana era complicado para el presidente del Gobierno. Había ciclismo, tenis, liga de fútbol, Eurobasket... y aun así, ha sacado tiempo para un tuit que dice: «No llega más lejos quien más corre, sino quien no se desvía del camino. Firmado M.R.». Yo creo que va por Cataluña, aunque lo mismo está felicitando a Contador. Qué zen, ¿no? Es todo tan fino... La firma «M.R.» no es de Mariano Rajoy, es de «Maestro Runner». A mí cada vez me recuerda más al maestro shaolín de la serie *Kung Fu*, espero que os suene; aquí veo mucha gente joven, pero marcó una época. Solo que Rajoy vestido de naranja sería Albert Rivera. Pero bueno... Mira, antes de irnos de vacaciones, nosotros hicimos el ejercicio de imaginar a Mariano Rajoy como Ricardo III, un personaje de Shakespeare, que eso a lo mejor explicaba esa manera tan especial que tiene de hablar, ¿no?

Esas construcciones que dices... «¡Hostia! A ver si son tan malas que va a resultar que son muy buenas». ¡Bien! Hoy quiero que hagamos otro ejercicio: vamos a imaginar a Rajoy de shaolín. ¿Os imagináis a Rajoy de shaolín? Vamos a probarlo. A ver qué pasa.

[De repente, comienza a sonar la música de la serie Kung Fu, *y Buenafuente hace tai chi simulando que se va metiendo unos sobres en el bolsillo].*

«Buenas noches, pequeño percebe». «Dar cera, pulirse la pasta... de la ayuda a la banca». «Somos sentimientos y tenemos seres humanos». «Ya os lo he dicho en alguna ocasión. Debes saber que no llega más lejos quien más corre sino quien no se desvía del camino». *[Suena un gong].* «Esta es la lección de hoy, pequeño percebe, hazme caso: soy cinturón negro, como la contabilidad del partido». *[Vuelve a sonar un gong].* «*Be water, be cool, let it be...*». «No hagas caso a tus ojos. Como el maestro de *Kung Fu*, yo también soy ciego: en treinta años en el partido, no he visto nada ilegal». *[Se oye otra vez el gong].* «¡Hostia, Bárcenas! Pequeño percebe, debes ser flexible como el bambú, pero también fuerte como *Luish*». Todo encaja, ¿eh?

Y ahora, para empezar la temporada con buenas vibraciones, hagamos la postura del charrán: las manos hacia arriba, las manos hacia abajo... Y como los gorilas, ¡uh, uh, uh! Esta es un poco mi postura sobre Cataluña: ¡uh, uh, uh, uh! Tonto eres tú, independentista equidistante. Me estoy liando...

¡¡Bienvenidos a esta nueva temporada de *Late Motiv*!!

FERNANDOALÓNSICO

Martes, 12 de septiembre de 2017

Buenas noches.

Vaya semana que llevamos, ¿eh? Pones la tele y te asustas. Bueno, como siempre. Pero ahora es porque esto parece el fin del mundo, ¿os habéis fijado? Huracanes en Estados Unidos, terremotos en México, *procés* en Cataluña... Pero ¿qué ha pasado aquí? Esto parece la tormenta perfecta. Es la semana de los desastres. Para Piqueras, la «Semana fantástica». Esto entre nosotros, que no salga de aquí: cuentan que en la redacción estaba Piqueras haciendo la conga consigo mismo. ¡Con lo difícil que es eso! Porque nunca puedes llegar, aunque vayas muy deprisa. De lo contento que estaba, se le están acabando los adjetivos catastróficos. «Alarmante, apocalíptico, filibustérico, FernandoAlónsico...». Se ve que tiene un compañero de la redacción con un diccionario de sinónimos allí buscando rápido.

Uno de los desastres más devastadores es el huracán Irma, aunque ya ha bajado de categoría. Nunca bajar de categoría fue tan bueno. Ahora es tormenta tropical. Que cuando vienes de ser huracán, con su mala hostia, te dicen que eres tormenta tropical y te suena a orquesta de pueblo.

Y se ve que le sigue el huracán José. Le han puesto nombre de hispano a José, para ver si se piensa dos veces lo de entrar en Estados Unidos.

Atención, esta noticia es real: «El Gobierno de Estados Unidos ha prohibido disparar al huracán», ¡porque había gente que lo hacía! Como casi todos tienen armas, pues, oye, lo tienen a mano. ¡Disparaban al huracán! A ver si le daban en el ojo. No es un chiste. *Oh my God!* Recordad a quién han votado de presidente. ¡Qué país! Solo les faltaba eso, que corriera el aire.

Trump y Melania han visitado la zona de la catástrofe. Han tardado, porque Trump no quería despeinarse con el viento. Claro, arregla tú eso después... No hay peluquero americano que quiera entrar ahí. A Melania se la veía más suelta, ya lleva la cara de huracán, como si viviese constantemente en un túnel de viento. *[Andreu se estira la cara]*. Y además iba con tacones, ¿os habéis fijado en la foto?

—¿Adónde vamos?

—Al huracán.

—¡Perfecto! ¡Voy fantástica!

Y en España, pues nada, estamos muy bien. Ahora ha ardido la Ciudad de la Justicia de Valencia. Otra catástrofe natural. A ver, había documentación de Gürtel. Vamos a pensar que es una casualidad. Lo mejor es que, por lo visto, la alarma de incendios solo estaba activada en horario de oficina. Allí hubo un genio que dijo: «Por la noche no hay incendios, ¡*pa'* qué gastar ahí toda la noche *enchufao*, coño! El que venga por la mañana lo pone y ya está». Me lo imagino con el palillo en la boca: «¡Voy a desayunar, eh!». Se ve que creían que el fuego paraba a la hora del café un rato y luego seguía.

No dejamos las catástrofes. Esta mañana se ha celebrado el Toro de la Vega en Tordesillas. Ya sabéis, una multitud alancea a un toro hasta la muerte. Para celebrar las fiestas, dicen. Bueno, eso yo... no sé. Cada uno que celebre como quiera. Pero creo que ellos lo hacen también un poco en proporción con su cerebro. Está Tordesillas como para abrir un restaurante vegano. Por cierto, este año el toro se llama Príncipe. Eso, más que casualidad, suena a republicano. Pero bueno, esto de alancear al toro era hasta el año pasado, porque entró en vigor la prohibición de matar animales en festejos populares. Pobre gente, no les dejan ni matar en paz. *¡Malditos hippies!* Como alternativa, les propusieron dar al toro de alta en autónomos, pero les pareció demasiado cruel.

Seguimos con los accidentes inexplicables. Resulta que Gallardón... ¿Os acordáis de Gallardón? Buaah, qué buen recuerdo tenemos todos, ¿eh? Era muy majo. Cuando era alcalde de Madrid, pagó un millón y medio de euros por ciento doce cámaras para la M-30... y nunca se instalaron. Muy fuerte. ¡Iker, estudia eso! ¿Dónde están las cámaras?

Ha desaparecido un millón y medio por unas cámaras que nadie ha visto. Esto tiene que ser una broma... de cámara oculta. ¿Qué ha pasado con esas cámaras? ¿Dónde estarán? ¿Se las ha quedado Gallardón? Igual se ha hecho *youtuber*. El Cejius: «¡Hola, bebés! Cuquiconsejito del día: la *Esperanza* es lo último que se pierde».

Esto de las cámaras se suma al pelotazo de la M-30 que, al parecer, ha costado el doble que el canal de Panamá, solo por los sobrecostes. Me parece bien comparar la M-30 con el canal de Panamá, porque tienen mucho en común: los dos se inundan. ¿Habéis visto la M-30 cuando llueve? El plan original de Gallardón era poner un Aquapark en los túneles. Con las cámaras te hacían la foto y al salir del atasco te la vendían. ¡Negocio redondo! ¿Qué puede haber fallado? Claro, ahora entras en la M-30 y te da la sensación de que te han robado... Y oye, para que me roben en una autopista, me quedo en Barcelona.

¡Bienvenidos a *Late Motiv*!

CATALANES HACIENDO COSAS

Miércoles, 20 de septiembre de 2017

Buenas noches.

Sentaos, sentaos, por favor. Voy a abusar de vuestra confianza y os voy a contar una cosa que no es exactamente humorística, pero con la confianza que ya nos tenemos, porque nos vemos cada noche desde hace dos años, y sabiendo un poquito cómo sois, me he dicho: «Pues lo voy a contar». ¿Me podéis traer un taburete, compañeros? Es que me hago mayor, me canso mucho, se me hinchan las piernas. Esto que voy a decir ahora no cuenta como monólogo, permitidme que me siente por una vez... *[Le pasan un taburete a Andreu y se sienta]*.

Mariano Rajoy dijo una vez que le gustábamos los catalanes porque hacíamos cosas. Lo que no dijo Mariano —que a lo mejor lo pensó— es que una de las cosas que últimamente más hacemos los catalanes es hablar acerca de lo que está pasando en Cataluña. Hablamos más que en los últimos cien años. Quizá demasiado, pero la actualidad obliga. Mientras nos disponemos a empezar un programa de humor que espero que os guste, miles y miles de personas han vuelto a salir hoy a la calle en Cataluña, tras la suspensión de facto de la autonomía con las últimas detenciones. Lo que era un conflicto político eterno, cansino, ahora ya es un conflicto social. La cosa está crispada, muy crispada, y yo me pregunto dónde está la gracia. Os lo voy a decir: en ningún lado. Esto no tiene gracia.

Creo —y esta es una opinión personal— que hemos llegado hasta aquí por no escuchar, por no hablar y por no respetar por los dos lados. Unos quieren votar y otros los llaman ilegales; los otros no se dan por aludidos, siguen y así estamos. No se hablan, no se entienden. Se castigan y todos sufrimos. Y así estamos.

Pero ahora se ha puesto feo. Entenderéis que me he pasado el día con la oreja pegada a mi otra ciudad. Preocupado. Claro, como soy catalán, porque eso lo eres siempre, eh, me preguntan por la calle qué está pasando, «tú, catalán». Y yo los decepciono, porque les digo «¡Y yo qué sé!». Si no lo saben arreglar ni explicar los que hemos votado, voy a saberlo yo, que me dedico a hacer chistes.

A mí lo que me parece, pero tampoco me hagas mucho caso, es que con detenciones, prohibiciones y registros... buen ambiente no generas. Con detenciones, prohibiciones y registros no se arreglan las cosas. Nunca funcionó.

Vivo en Madrid y Barcelona, conozco gente sensata y muy buena en los dos sitios, esto es así, y lo digo tanto aquí como cuando estoy allí. No me canso de decirlo. Me niego a pensar que esto no tenga solución, como quieren hacernos ver. Es imposible. La tiene. Solo hay que poner ganas, quitar fuerza y poner política. ¡Política! Una palabra que está muy mal últimamente, como desgastada.

Aristóteles, no sé si lo conocéis, dijo que «la política es el arte de cambiar las cosas». Bonita esta frase, ¿eh? Claro que Maquiavelo, que era un cabrón, dijo que «la política es el arte de engañar». Nos quedamos con Aristóteles.

Ahora pensad cuántos políticos *de verdad* conocéis. Políticos que lean los cambios, las mejoras que pide la sociedad, que solucionen problemas y trabajen por un mundo mejor y en paz, sin miedo al futuro. Porque el futuro somos nosotros. Será lo que queramos ser TODOS.

Me vienen dos nombres a la cabeza, dos mujeres: Ada Colau y Manuela Carmena, que, afortunadamente en estos días, son las alcaldesas de Madrid y Barcelona y que ayer dijeron: «Para la crisis de la democracia, siempre más democracia». Y daba gusto verlas juntas; yo al menos estuve muy feliz viéndolas juntas. El problema de esto es que cada uno ve la democracia y la interpreta según le interesa.

Siento el posible bajón que os he provocado, pero aquí, en este momento del programa, siempre os digo lo que pienso. Normalmente pretende ser gracioso, pero, como hoy estoy jodido, también lo quería compartir con vosotros. Y hoy estoy cansado y jodido.

Pero, como me acaba de decir un amigo, a veces hace falta ponerse un poco serio para poder seguir riendo el resto del tiempo.

Bien, no pasa nada, ya está, ya está. Gracias, vamos a lo importante.

Hoy, una gran cadena de ropa japonesa ha abierto su primera tienda en España. Concretamente en Barcelona. Buen momento, sí, señor. ¡Olé tus mochis! Su objetivo es que sea la primera tienda del país y seguramente lo va a conseguir. De qué país... ya veremos. La marca de ropa se llama Uniqlo, escrito con cu... Se han buscado un nombre comercial y pegadizo, para que, en España, lo acabemos llamando «Uniculo». El fundador de este imperio, el japonés Tadashi Yanai, ha dicho que su objetivo es superar a Amancio Ortega. Y eso sí que no.

[En tono chulesco, como Robert De Niro en Taxi Driver*].* «¿Vas a venir tú aquí, a meterte con nuestros ricos, Tadashi? *You talking to me, Tadashi?*».

¿Te imaginas que se monta una pelea entre Amancio Ortega y Uniqlo? Pelea de ricos. Combate de *rich people*. El combate tendría que ser en terreno neutral, claro. Yo propongo en el Primark. Un sitio muy grande. Allí cabe de todo. ¡Qué grande es el Primark! ¿Y cómo se pelean dos ricos? Yo creo que contratan a dobles de acción para darse mamporros. Pero no dobles cualquiera, pueden contratar a quienes quieran: el de Amancio Ortega es Bruce Willis y el de Yanai es Jackie Chan. O a lo mejor no, a lo mejor se pelean en persona, tirándose monóculos, como si fueran estrellas ninja. O estrellas Michelin. En lugar de luchar en el barro, hacen una lucha en caviar. Se insultan diciéndose cosas como «me cago en todos tus *jets* privados», «muerto de hambre, que no te podrías comprar ni Andorra», «uy, lo que me ha dicho... ¡Hijo de pobre!».

Y un tema que me empieza a tocar de cerca, y es así, hay que asumirlo también: acaba de empezar la venta de viajes del IMSERSO. Ya os llegará, si tenéis salud. O como dicen los hosteleros cuando llegan los caminantes blancos: «*Winter is coming*».

En algún bufé libre ya están poniendo barricadas. Ojo con un jubilado en un bufé libre, eso no tiene fin. Solo hay dos palabras que hacen correr a un abuelo cuando está de viaje: una es «comida». La otra ya no la oyen. Yo he visto auténticas carreras de yayos para llegar los primeros. Algunos usan *taca-tacas* con pinchos a los lados, como las cuadrigas de *Ben-Hur*.

Para los *millennials*: los viajes del IMSERSO son viajes organizados para jubilados. Ahora lo veis y pensáis «vaya bajón pasarte la jubilación en un bus lleno de viejos. Eso a mí no me va a pasar». Es verdad. Porque no vais a tener jubilación, que no sé qué es peor.

Uno de los destinos estrella para jubilados es ir a ver la Sagrada Familia de Barcelona; es el viaje perfecto para los abuelos porque une las dos cosas que más les gustan: es a la vez un monumento y unas obras. Y el que la hizo ya murió, que eso a un abuelo siempre lo llena de vida.

Ojo, que estas excursiones dicen que son un cachondeo. Esa gente ya no tiene nada que perder. Como mucho, la dentadura, y se ponen otra.

Es llegar al hotel y venga, sexo, pastillas y, luego, si te he visto no me acuerdo.

Bueno, nada. Espero que os guste el programa de hoy y que la noche acabe mucho mejor de lo que empezó el día.

Buenas noches y espero que a partir de ahora los políticos no tomen nota de esto que estoy haciendo, y dejen los monólogos y se pasen a los diálogos.

¡Bienvenidos a *Late Motiv*!

LAS SERIES

Jueves, 21 de septiembre de 2017

Buenas noches.

Bienvenidos a este especial dedicado a la ficción original de Movistar. Me siento como si esto fueran los Goya, pero sin premio, que no estaría mal tampoco. A mí, personalmente, que me siento muy partícipe de este proyecto, me hace muy feliz este día. Por fin nos presentamos, nos ponemos de largo y de corto o como sea, pero ya decimos: «Estamos aquí». Hoy nos acompañan algunos protagonistas y creadores de grandes series de esta casa. Es decir, gente de muchísimo talento. Y también está Berto. Noooo, es broma, amigo. Te quiero mucho y te deseo lo mejor, amigo. Y como he dicho alguna vez, por fin se verá lo bueno que es Berto.

Estamos en la era de la ficción. Y no solo en política, también en la tele. Todo el mundo habla de series, demasiado, a lo mejor, ¡es lo que hay! Se manejan nuevas palabras, como *season, showrunner, spoiler... Spoiler*. Ya no puedes hablar sobre una serie en público. No puedes. Tú dices «oye, ¿habéis visto...?». Y ves unas caras así de largas. Siempre hay alguien que no ha visto algo. Así no hay quien se relacione. Bueno, habrá que hablar de fútbol.

Y luego está el *showrunner*, ese concepto con el que también nos estamos familiarizando. Para quien no sepa qué es, Rajoy sería el *showrunner* de España. Es *runner*, monta *shows* y sabe todo lo que va a pasar.

Las series nos han cambiado la vida. Gracias a *Juego de Tronos*, cada vez hay más niñas que se llaman Khaleesi. Dudosa elección, pero, oye, hay que respetarlo, aunque parezca que pides un helado. Y gracias a *Narcos*, cada vez más *hijueputas*. Bueno, eso siempre ha sido así.

En España hay una gran tradición de series. Hoy estamos presentando la nueva generación, pero hay que ser respetuosos con el pasado. Tuvimos una época gloriosa de comedias que empezó con *Farmacia de guardia*. La sintonía no nos la hemos podido sacar de la cabeza hasta que salió el *Despacito*.

Las series de antes eran entrañables, hablaban de cómo era el país. Estaba *Juncal*, con Paco Rabal, que contaba la historia de la decadencia de un torero, mucho antes de Jesulín de Ubrique.

O *Curro Jiménez*, que contaba la historia de un andaluz que perdía su trabajo y tenía que echarse al monte para luchar contra las injusticias. A Susana Díaz no le gustaba mucho. Todo el mundo lo buscaba y nadie lo encontraba. Por eso le pusieron Curro.

La serie que se emitió más años fue *Verano azul*. Tanto la emitieron que estaba de color sepia al final. Va sobre un grupo de niños en bañador, amigos de un pescador jubilado llamado Chanquete, que vive en un barco aparcado en una cuesta. Acaba cuando interviene la Fiscalía de Menores.

Hablando de *spoilers*, hace poco veía una reproducción en una revista sobre televisión de aquella época. Una de las escenas míticas era el momento en que Pancho daba la noticia de la muerte de Chanquete. Venía corriendo por una playa y gritando: «¡Chanquete ha muertooo!». Anda que también... vaya *crack*, dando noticias con tacto. Con muy poco tacto por su parte, ¡si ese grupo de niños le ha cogido cariño al abuelo, hombre! La manera correcta hubiese sido decir: «Os tengo que contar una cosa...». Prepáralos, Pancho, prepáralos, pero no digas «¡Chanquete ha mueeertoooo!». Total que, esa semana, en la revista, la portada era «Chanquete se muere esta semana». Yo me dije: «Pero ¿por qué éramos así en aquella época?». Oye, también estábamos más tranquilos, eh. La gente lloraba en casa, pero por el *spoiler*.

O *Al salir de clase*, una serie adelantada a su tiempo. Gente de cuarenta años estudiando y viviendo con sus padres. Ahora no se podría hacer. Bueno. Ahora se llamaría *Al sellar el paro*, y no tendría gracia.

Pero estamos aquí para celebrar las nuevas series de producción propia, como *Vergüenza, Mira lo que has hecho, La peste*... las puedes ver en Movistar y oír en cualquier ascensor.

Estrenamos *Velvet Colección*. Le han puesto ese título porque *Vuelve Velvet* es muy jodido de decir. Es una serie que a mí me encanta porque va de gente que va vestida de Nochevieja todo el año. ¡Hostia! Qué elegantes van. Esta vez, las galerías Velvet abren una tienda de ropa en Barcelona en los sesenta. Mejor, porque ahora mismo no es buen momento. El resultado sería *Desigual*.

Estarán con nosotros algunos de los actores del *casting*; os agradezco muchísimo, compañeros, que hayáis venido o, como dirían en *Cuarto milenio, [imitando a Matías Prats]* «las caras de... *Velvet*».

También han venido los compañeros de *La zona*. Se desarrolla en un pueblo de Asturias en el que pasan cosas muy raras, como por ejemplo, que hace buen tiempo. Ven una luz rara, acordonan la zona y era que había salido el sol.

Otra que tiene unos exteriores brutales es *Félix*. La mayor parte se ha grabado en paisajes naturales de Andorra. Es decir, en estancos. Todo con dinero español. Y todo legal, ¿eh? Que quede claro. No quiero bromitas con esto. Hemos ido a Andorra, la hemos hecho, hemos pagado y nos hemos venido. Se ve que va de Leonardo Sbaraglia, que queda con una chica y ella desaparece. Es como Tinder.

Luego vendrá *Gigantes*, un *thriller* sobre una familia en la que el padre educa a sus hijos en la mafia, pero a cara descubierta. Bárcenas ya ha pedido derechos sobre el guion. El padre es, cómo no, Coronado. ¡Con un pelo! ¡Qué guapo está! Hoy en día no puedes hacer un *thriller* en España sin contar con él. Antes eran yogures, ahora son *thrillers*.

Y en Movistar estamos orgullosos de tener *Vergüenza*, que la tenemos, ¿eh? Y además, la serie, que se llama así: *Vergüenza*; va de fotógrafos de boda. Hacía falta, porque lo de los reportajes de boda se nos ha ido de las manos hace mucho tiempo. Antes era tu cuñado o un señor sudado con corbata que venía y te cobraba un huevo, con la réflex, y ahora te los hacen hasta con drones, postproducción, efectos especiales... Drones, eh. Yo he ido a bodas con drones, no se oye ni cuando se están casando: «¿Quieres a tu mujer?». *[Imitando el ruido de un dron]. TACA TACA TACA TACA*... Hostia, ¿en serio? Vas a casa de un colega y dices: «¿Estás viendo el vídeo de tu boda, ¿no? ¡Qué guapo!». «No, es *Transformers*».

Luego está una serie fantástica que se llama *Mira lo que has hecho*, la serie de Berto. *Mira lo que has hecho*, lo mismo que me dijeron cuando lo contraté. Es una reflexión sobre la paternidad. No tiene publicidad, pero podría estar patrocinada por Durex perfectamente.

Y la superproducción de Movistar es *La peste*. Se desarrolla en la epidemia de peste de Sevilla en el siglo XVI. La peor tragedia de la historia de Sevilla después de la Expo. En el XVI en Sevilla, si alguien te decía «mi arma», te estaba apuntando con una pistola. Y en la Expo también.

La protagoniza, como casi todo lo bueno en este país, Paco León, que también nos acompaña hoy. Es un drama, sobre todo para los otros actores, que también quieren trabajar, pero, oye, es así.

Será *La peste* nuestro *Juego de Tronos*, pero con más salero. Se matan, ¡pero con esa gracia, coño! ¡Ya está bien, tanta nieve y tanto *winter*! ¡Vamos a hacerlo aquí, hombre!

Bueno, bienvenidos y permitid que, como *showrunner*, os haga un *spoiler*: creo que os va a interesar y lo vamos a pasar bien.

¡Bienvenidos hoy a *Late Ficción*!

DELIRIOS FEBRILES

Lunes, 9 de octubre de 2017

Buenas noches, muchas gracias, sois maravillosos, ¡maravillosos!

Sé que parezco el de *Breaking Bad*, pero soy Andreu, soy el de siempre, aunque si alguien quiere metanfetamina que me lo diga. ¿Cómo estáis? Yo mejor, gracias. Y sí, os prometo que soy Andreu.

Debéis de estar flipando. «¿Y este hípster? ¿Qué le ha pasado? Dos semanas enfermo y vuelve más delgado y con bigote. ¿Qué ha tenido? ¿*Aznarosis*?». ¿Os imagináis esa enfermedad? Que existiera, tipificada, *aznarosis*. Si no la pillas a tiempo, te acabas opinando encima *tol rato*, y muy *cabreao*, muy *cabreao* y con los dientes amarillos.

Antes de nada, quiero dar las gracias a cuatro columnas de la comunicación. Dóricas, columnas dóricas: David Broncano, Berto Romero, Javi Coronas y Raúl Cimas, que estos días me han cubierto. Metafóricamente hablando. No estoy para excesos. Un aplauso para ellos. Gracias, muchas gracias, de verdad, no lo olvidaré, en todos los sentidos.

He tenido prostatitis. ¡No os riais, coño! Yo aquí, dando el parte médico, y vosotros *ja, ja, ja, ja*. Así soy yo, muy *pro* también en las enfermedades. Se me han inflamado partes bajas del cuerpo. Muy acorde con los tiempos actuales. El primer síntoma es que te duele por dentro. Es como una patada en los huevos, pero que nadie te la ha dado. Entonces, te quedas mosqueado porque ¡*aaauu*!, ¡cómo duele! Buscas a tu alrededor. Dices: «¿Habrá sido un espíritu? ¿Qué ha pasado aquí?».

Y bueno, la verdad es que ha sido jodido. He pasado dos semanas sin comer, tumbado y enseñando el culo. Como un Erasmus.

Los médicos muy bien. Eminencias, son unas eminencias. Cuando estás enfermo, al médico lo llamas «eminencia». Cuando no, pues dices «el doctor». A mí me tocó una eminencia. El médico me dijo: «Tienes la próstata de los jóvenes». Me hizo una ilusión... Lo abracé. Hay que ver con lo poco que te conformas cuando estás jodido. Y le digo: «¿Pero esto es próstata de mayor?». Y el médico *[con ironía]*: «Nooo, ¡esto le puede pasar a un chaval de veinticinco años, claro!».

Aunque llevo mal lo del hospital. No sé vosotros, pero yo no puedo, es algo que va contra mis principios. Fíjate cómo estaría, que llegué a negociar con la doctora de Urgencias. Me dice: «Te tienes que quedar ingresado». Esto fue terrible, lo peor que he oído en mi vida. Le dije: «Deme un minuto». Y me fui a pensar, y volví, y dije: «Mire, que lo he pensado... y que no». La tía, con el fonendo colgado, me dice: «¿Cómo que no?». Entonces saqué excusas de donde no había. Recuerdo que le dije —estaba ya jodido con fiebre—: «Señora, deje que me vaya a casa, que vivo aquí al lado». Con la esperanza de que dijera, «bueno, te estás muriendo, pero como estás al lado, si te pones mal, te arrastraremos hasta aquí y te tiraremos a un quirófano». Tampoco coló. Así que nada, me tuve que quedar.

Tuvieron el detalle, eso sí, de ponerme en una habitación muy buena con una tele de esas de monedas. Como saben que trabajo en Movistar+, para que no echara de menos la tele de pago.

Seguramente alguno de vosotros lo habréis pasado, esto de medicarte fuerte, pero ¡la fiebre! La fiebre es lo peor. Ya veréis cuando os hagáis mayores. Es peor todavía, porque tu cerebro ya está muy desgastado, y de joven la fiebre la llevas... como un porro. Ya de mayor, te dices a ti mismo: «Esto no se puede aguantar». Estás ahí, como con un flipe constante. Te autodrogas y mal, ¿no? Que entre la medicación y la fiebre, he visto unas cosas que vosotros no creeríais. Cosas por la tele... Fruto del delirio todo. En un estado de locura muy alto que me imagino que debía de ser mi propia enfermedad, vi un barco, con una lona gigante de Piolín, y dentro había policías; no dentro del Piolín, bueno, ¡yo qué sé! ¡Igual sí! Porque en los sueños recuerdas cosas así. Salían todos los barcos con cien piolines por banda, viento en popa a toda vela. Vi a Rajoy hablar de proporcionalidad (que ni enfermo me lo puedo quitar de la cabeza). Y digo: «Han debido de subirme la dosis».

Vi a líderes independentistas diciendo que el número de votos daba igual, que lo suyo es votar, que luego si eso ya tal. Vi miles de banderas de España en Barcelona. Ahí estaba jodido yo, ¿eh? Y enfrente a Vargas Llosa, criticando el nacionalismo y todas las banderas abajo. Vi a Karmele Marchante envuelta en una estelada, yo me decía «esto va a peor...». Vi hasta a imputados de la Gürtel defendiendo la legalidad...

¡Madre mía! Ahora lo pienso y estaba fatal. Alucinaríais con lo que uno ve con fiebre. Como os digo, no os lo recomiendo a ninguno en ninguno de los casos. No os lo recomiendo.

Me llegué a preguntar si existen antibióticos para países. Nadie ha pensado en eso, ¿eh? Estamos con un montón de mierdas... ¿Y si resulta que el país está enfermo? ¡Coño! ¡Pues dale! Porque he estado tomando notas con fiebre, esta es otra cosa que os quería confesar. Se juntó todo, estaba tan mal, pero tenía tanto tiempo libre que me puse una libreta en el lavabo y fui apuntando. He escrito muchas cosas que algún día os traeré, lo dije el otro día por la radio, sin sentido, inconexas, y así he entendido cómo hicieron la última reforma laboral. Seguro que la hicieron así.

Pero oye, ya estoy casi bien y me alegra anunciar que la situación ya está prácticamente solucionada. Vengo de Barcelona, todo bien. Yo no he visto nada raro. Todos tranquilos. Finalmente se ha ofrecido para mediar en el conflicto catalán —y esto es real— la persona que hacía falta, a veces hay que buscar un poco... Leticia Sabater.

[El público hace una ovación].

Gracias, gracias, me gusta compartir con vosotros esta sensación de hallazgo. Porque es la mediadora ideal para sentarse entre Puigdemont y Rajoy: puede ver a la vez sus dos puntos de vista. Donde esté Leticia que se quiten otros nombres que se han barajado, como el del papa. Además, el ppapa es argentino, la mediación no se acabaría nunca. Aunque le ponga buena fe, nunca mejor dicho.

Leticia ha escogido el mejor sitio para decirlo; ha hecho su anuncio en el Salón Erótico de Barcelona, que ha sido este fin de semana. Sí, porque allí estamos preocupados, pero también estamos *enrabanaos*. Este fin de semana pasado, un salón finísimo, muy recomendable, la verdad, muy bonito. Y entonces, en Barcelona, la gente saca porras, pero de otra manera. Ya van dos fines de semana seguidos en Barcelona con gente sacando porras. Hay que decir que las porras de este fin de semana no daban tanto miedo, en principio. Hay que decir que Leticia dijo —sí, sí, en el Salón Erótico de Barcelona— que lo que hace falta en el conflicto catalán es la *Salchipapa*. Yo digo que por probarlo... el no ya lo tienes, ¿no?

Bueno, y hablando de cosas duras, llega la fase final del juicio de la Gürtel. Estamos ya en The Finals, como la NBA. He vuelto en buen momento. Hay que ver la suerte que tiene el PP. Las noticias de la Gürtel coinciden con lo de Cataluña. La Fiscalía, que no da abasto, considera probada la financiación ilegal del PP con la trama, y es una movida porque, si condenan al partido, ¿a quién meterían en la cárcel? ¿Al charrán? ¿En una jaula de oro?

Bueno, en realidad, Anticorrupción pide al PP doscientos cincuenta mil euros, que eso yo creo que entre cuatro tomando un cortado se lo sacan. Ana Mato también tendría que pagar casi treinta mil euros por los viajes y fiestas que le montó la trama, todo eso del confeti y tal. Para Ana Mato, Gürtel no era una trama de corrupción, era un *tour* operador.

Por cierto, que la Fiscalía ha rebajado la petición de condena a Bárcenas y a López por declarar. Les están quitando años, como a la Preysler. Por ejemplo, a Bárcenas le han bajado de cuarenta y dos a treinta y nueve años. Cuando salga de prisión, Taburete ya tendrá un recopilatorio.

En fin, nosotros vamos a seguir aquí como cada noche, intentando reírnos de todo. Vamos a ver si es posible, seguro que siempre hay algún ángulo desde donde reírte, pero digo yo: qué momento también más loco, ¿no? Todo vale, todo se dice, todo el mundo opina, hasta los que no tienen ni puta idea; yo también me incluyo, a mí me tenéis aquí. ¡Qué momento! Estamos tan locos que hasta nos permitimos criticar a Serrat, a SERRAT ¡eh!, que sería el más intocable de este país por méritos propios cuando dice lo que piensa. Y le han caído unas cuantas hostias. SERRAT, que ya hizo una canción nada menos que en 1983 sobre la situación actual. ¿Te acuerdas, Litus?

[LITUS dice que sí y comienza a cantar Cada loco con su tema, *de Serrat].*

¡Bienvenidos a *Late Motiv*!

DUI O K ASE

Miércoles, 11 de octubre de 2017

Buenas noches.

Hoy solo voy a hablar de Cataluña el tiempo que duró la independencia: ocho segundos... pero ocho *segundacos. [Enseña una foto de gente celebrando la independencia, con caras eufóricas].* Después de esos segundos, la reacción era esta. *[Enseña una foto de la misma gente, pero ahora de bajón y con caras tristes].*

Cataluña es un carrusel de emociones continuas. Estas dos fotos que han circulado mucho hoy resumen muy bien lo de ayer. Esta señora ya ha recibido una oferta de WhatsApp para currar de emoticono: la catalana del WhatsApp, la vamos a llamar. La sevillana baila y la catalana del WhatsApp no sabe qué sentir.

Como sabéis, ayer Puigdemont hizo la DUI y, justo después, la suspendió. La *DUYYYYYY*. Rozando el larguero. No se recuerda a nadie suspendiendo algo tan rápido sin ser Froilán. Ojo, que si se habla de suspender cosas, yo lo veo como mediador. Dejo caer ese nombre; a lo mejor Froilán funcionaría como mediador en el conflicto, tiempo libre tiene.

Mariano está perplejo, claro. Como siempre, pero más. Como estará de perplejo y despistado que ha hablado dos veces en un día... Ha trabajado dos veces en un mismo día, tiene la cabeza loca, está reventado. Dos veces para pedir a Puigdemont a ver si le puede aclarar lo que ha pasado. Ha dado una rueda de prensa por la mañana y luego ha comparecido en el Congreso.

Esta tarde hemos visto a un Mariano un poco más blando. Es como cuando te gusta una chica, te da *cosica* decírselo y tu mejor amigo, en este caso Albert Rivera, te pide que te lances, aunque la cagues, pero tú no te atreves. Esperas a que ella dé el primer paso. Pero ella está igual: antes de salir contigo tiene que dejar a su novio, con el que ya se casó; bueno, se juntó por compromiso. Es muy metafórico, ya lo tenéis que analizar luego, ¿vale? Sí, a mí también me ha costado la primera vez.

Bueno, para quien no lo haya visto, os resumo la comparecencia de Mariano sobre Puigdemont: *[Imitando a Rajoy]* «La parte contratante de la primera parte suspendida dice que la suspensión suspensiva se tiene que suspender, y la parte contratante de la parte contratante suspende la autonomía de los alcaldes, que son catalanes que hacen cosas, pero también personas que hacen máquinas y tienen sentimientos en el suyo beneficio político...».

Vamos, que le preguntéis a Soraya.

Además, Rajoy le ha dado a Puigdemont cinco días para contestar, o sea, este lunes, y ocho para volver a la legalidad. Mariano ha dicho: «Pues oye, si no se siente español, le jodo el puente de la Hispanidad».

Y para rematar el día, también ha hablado Pedro Sánchez. Pedro ha hecho varios anuncios a la vez, a lo Martina

Klein: por un lado, ha anunciado un acuerdo con Mariano Rajoy para debatir la reforma de la Constitución dentro de seis meses. Pedro está tan en sintonía con el PP que fijaos en esta foto *[enseña una imagen de la comparecencia de Pedro Sánchez y al lado se lee «Somos la izquierda»].*

Tiene que ponerse el cartel de «Somos la izquierda» para acordarse. Aunque, casualmente, el logo del partido siempre le queda a su derecha.

Pero mientras mirábamos a Cataluña, han pasado otras cosas. Por ejemplo, que somos el segundo país de la OCDE con más parados. Medalla de plata, clasificados para el Mundial. Lo bueno es que, ahora que no tienes trabajo, puedes salir a la calle a cantar: «Yo soy español, español, español». De ahí vienen las siglas del PP: «Parado pero Patriota».

Y más cosas que han pasado mientras mirábamos solo a Cataluña: ha subido la luz. ¿Te has enterado? ¿O vivís con velas y candelabros?

Se ve que la culpa es de la sequía. Sí, claro, la sequía... Al final la sequía será la excusa para cualquier cosa. «Profesor, no he podido hacer los deberes por la sequía, estaba deshidratado en mi casa, no salía agua del grifo, yo así no puedo estudiar» o «Cariño, no es lo que parece, es que hay sequía».

Estamos instalados en una indefinición, en un paréntesis espacio-temporal y climático. Esto no es bueno. Y además no llueve, porque estamos en otoño, pero las temperaturas son de verano. El otro día, me decía un agricultor en un campo, delante de los árboles con todas las hojas: «No saben si caer o no. Antes, a estas alturas del año, estaban todas abajo y ahora... no saben qué hacer». Digo «¿como en

Cataluña?». Y me contesta que sí. Y le dije: «¿Ha probado con una porra a darle en el tronco?».

Esto del cambio climático va a traer problemas. Para empezar, no vamos a entender la *pizza* cuatro estaciones. A esto se le llama «veroño». Pero tiene mala rima. Mejor «otano»... Bueno, dejémoslo en «veroño». El otoño no llega, no llega ni a patadas. En El Corte Inglés están desesperados. Vamos a hacer una declaración de otoño unilateral. O sea, es otoño por mis cojones ¡y punto! Esto es lo que va a hacer El Corte Inglés. Con toda la prudencia y la clase que tienen.

Y fuera de España, Kim Jong-un sigue a la suya, con sus movidas, ya sabéis, el dictador tres delicias, ha robado los planes de guerra de sus enemigos: Corea del Sur y Estados Unidos. Eran secretos hasta que se lo ha dicho a todo el mundo, no se lo ha podido callar; como es dictador y hace lo que le da la gana... Es que si se calla revienta y, si revienta Kim Jong-un, eso sí que es un *pepinaco* nuclear.

Digo yo que como estrategia no es muy hábil, ¿no? Kim, no me quiero meter en tu trabajo, pero tus enemigos, al descubrir que tienes los planes, los cambiarán. ¿Dónde has estudiado espionaje, *KimJo*? ¿En España?

Es como si los espías de Corea del Norte los llevara Gila. ¿Os acordáis del mítico Gila? *[Hace de Gila cogiendo un teléfono]*: «¿Es la otra Corea? Que se ponga. Que si vais a cambiar los planes para matarnos avisad antes, que vamos a hacer la siesta».

Se conoce que ha sido espionaje informático. ¿Cómo debe de ser un informático coreano? Si los informáticos españoles, al darles poco el sol, muy morenos no están...

Un informático coreano es como una sábana de un anuncio de Vanish Oxi Action con ojos achinados.

Se ve que entre el material interceptado había planes para cargarse a Kim Jong-un. Qué raro, ¿no? Porque es un tío que cae bien. ¿Cuáles serían? A lo mejor uno era difundir el rumor de que él era un traidor; igual se lo cree y se ejecuta a sí mismo.

Yo propongo enviar a Puigdemont —que unas vacaciones le van a ir bien— a que le explique a Kim Jon-un su declaración de ayer con todos los detalles. De la misma confusión le explota la cabeza.

Perdón que haya vuelto a mencionar el tema, pero es que vaya lío. Independencia sí, pero poco a poco. Nosotros ayer acuñamos el término «DUIspacito», hemos hecho un videoclip y todo.

¡Bienvenidos a *Late Motiv* en Movistar!

ATASCOS

Miércoles, 18 de octubre de 2017

Buenas noches.

Hoy es de justicia anunciar que ya se ha producido la primera dimisión por la gestión de los incendios. Bravo, un aplauso por la coherencia y la responsabilidad política. Ha dimitido la persona responsable de Interior, sí... pero en Portugal. Para que alguien dimita en la Península Ibérica hay que ser o luso... o muy iluso.

Vamos con la noticia favorita de niños y mayores: hoy ha habido sesión de control en el Congreso. Yo soy adicto a Parlamento Televisión, me encanta ver a diputados encerrados y discutiendo. Es como *Gran Hermano*, pero sin expulsiones. Y al salir de allí no posan desnudos. Mejor para todos.

Los *hits* de hoy: Podemos y el PdCAT han sacado carteles solicitando la libertad para los Jordis, y Rajoy, mientras hablaba Soraya, ha sacado su móvil en un gesto dirigido a Albert Rivera para que mirase su teléfono. Es la primera vez que alguien del PP usa el móvil en mitad del Congreso y no es para jugar al *Candy Crush*. Rajoy le estaba diciendo a Albert que le ha mandado un SMS (que eso acojona a quien sea). Rivera se ha asustado, claro. Mira cómo han acabado los últimos que han recibido un SMS de Rajoy...

Pero lo mejor ocurrió ayer: se aprobó una propuesta para que sea obligatorio fichar cuando vas a trabajar, para controlar y cobrar las horas extras. Sé lo que estáis pensando. ¿Trabajar? ¿Cobrar? ¿Eso se sigue haciendo? En España, sí. Es más: ¿pagar horas extras? ¿Qué somos, Suecia? ¿Nos hemos vuelto locos? La propuesta se aprobó con los votos de toda la cámara excepto del PP y Ciudadanos, que se abstuvieron, que es una manera de decir que no, pero sin que se note tanto. Preguntaron: «¿La votación no tiene que ver con Cataluña o Venezuela? Pues nos da igual». Ojo, que en España se trabajan tres millones y medio de horas gratis a la semana. Eso son muchos becarios. Hay quien dice que ya hay becarios que tienen su propio becario. Hemos llegado ahí, sí.

Que os digo una cosa, las horas extras, o las cobras, o las compensas sin trabajar otra hora. Dinero no hay, porque está todo en Suiza. Como esta ley se ponga en marcha con carácter retroactivo, ya os anuncio que España tendrá que parar diez años. Diez años sin hacer nada: el puente más grande de todos los tiempos. No importa si llueve o hace sol, nosotros estaremos tocándonos los huevos durante una década. ¿Os lo imagináis? Froilán, sí.

Y ojo, porque la nueva tesorera del PP, Carmen Navarro, ya está imputada en el caso Imelsa. Sor-pre-són. Y acababa de llegar. Yo creo que lo de la imputación es una novatada tradicional que gastan en el PP a los tesoreros nuevos. Nada más llegar les dicen: «¡IMPUTADO!».

Pero el notición de hoy es que por fin ha cambiado el tiempo. Está lloviendo, o como lo llaman los *millennials*, «el *ice bucket challenge* de Dios». Es una buena noticia para los bosques gallegos, mala para las señoras que han ido a la *pelu*, que salen con el pelo todo *crepao* como el vientre de un búho, y buena para los supermercados que cobran las bolsas que las señoras se ponen en la cabeza.

Y con la lluvia, vuelven los atascos, otro clásico español. En Madrid ha habido ciento cuarenta kilómetros de retenciones. Que también os digo que ciento cuarenta kilómetros ya no es Madrid, ya es casi Marruecos. Te caes del mapa. Yo no sé qué pasa con la lluvia, que a todos nos da por coger el coche. Será por la crisis: claro, es un lavado gratis. O eso, o que nos gustan los atascos desde que hemos visto *La La Land*. Luego llegan las decepciones cuando nadie sale a bailar a la M-30. Se podría cantar un musical dedicado a quien nos obligó a rescatar con nuestro dinero estas autopistas. Por decir uno al azar... *Los miserables*.

Y, para terminar, algo que os va a alegrar el día. He leído que ¡vuelve el Tamagochi! Para los más jóvenes: el Tamagochi era una mascota virtual de los años noventa. Había que estar pendiente de él todo el rato. Era como tener un hijo, pero solo lo veías a través de una pantalla... Como a tu hijo ahora, vaya. Un juguete adelantado a su tiempo. Que también os digo que, si el Tamagochi ha vuelto, es porque un día se fue de casa, no como tu hijo de verdad, que sigue ahí. ¿Y si alguien tiene en casa un Tamagochi desde hace veinte años? ¿Y que, por lo que sea, la pila ha aguantado y está el bicho ahí esperando, veinte años metido en un cajón, diciendo «*what the fuck*?»? Ahí, en calzoncillos, tirado en el sofá: «Mamá, dame *pa'* tabaco». Será como un adolescente, ¿no?

Hay que ver cómo se están volviendo a poner de moda las cosas del pasado: el Tamagochi, las pelis de los ochenta, algunas decisiones políticas... es *vintage*, España es *vintage*.

¡Bienvenidos a *Late Motiv*!

AL GARETE

Lunes, 23 de octubre de 2017

Buenas noches.

¡Vaya fin de semana! Pero tranquilos, no somos el único país que está mal. Por si os anima, es el mundo entero el que se va al garete.

Hoy he leído que el primer ministro de Japón, Shinzo Abe, quiere cambiar la Constitución pacifista tradicional japonesa para tener ejército. Abe: si quieres una Constitución para reformar, llévate la nuestra, que sirve para un roto y para un descosido.

Abe ha dicho que hará frente al programa nuclear norcoreano y que hará falta una reforma constitucional, diplomacia sólida y un Godzilla. Ahora, que si lo que quiere es mantener a raya a Kim Jong-un, en vez de un ejército, que le mande brócoli: se come antes los misiles.

Al ejército japonés, te los imaginas con Mazinger Z, Son Goku, y de general a Doraemon. Allí la cabra de la legión es un Pikachu, claro. *Cabrachu*. No acojona mucho: «¡Soltad al Cabrachu!». Parece el segundo plato en una boda. «¿Cuándo sale el Cabrachu?». Y por si esto fuera poco, este fin de semana, en la República Checa, se han celebrado unas elecciones generales. Claro, nosotros estamos a lo nuestro y no nos fijamos. El ganador ha sido el millonario xenófobo Andrej Babiš (me encanta ese nombre). Sus primeras palabras como presidente han sido «hola, Babis».

Os recuerdo que un xenófobo es un racista, no un instrumento musical. Como es xenófobo, millonario y populista, a este hombre lo llaman el Trump checo. Lo que faltaba, que Trump ponga franquicias en Europa.

Babis se presentaba a estas elecciones encabezando la formación cuyas siglas en checo son ANO. Esto es verdad. Vivo esperando que Matías Prats dé la noticia de que Babis va a gobernar la República Checa con el ANO. Lo va a decir. Es cuestión de minutos.

Y más cosas que no se pueden tolerar: estos días, varias esculturas de Harry Potter han decorado Madrid, y una de ellas, la mítica escoba Nimbus 2000, ha amanecido rota solo tres días después de instalarla. Es increíble, pero esta vez no ha sido culpa de Calatrava. Al menos podemos decir que la magia en España existe: ponen una escultura y el civismo desaparece. ¡Tachán!

Y siguiendo con la lista de cosas mal, hoy hemos sabido que Anticorrupción pide que Gallardón sea imputado. Un exministro de Justicia buscado por la Justicia: lo que es llevarse el trabajo a casa. La Fiscalía Anticorrupción ha pedido que se le impute por el fraude del Canal de Isabel II, y Esperanza Aguirre ha pedido champán y unos alerones guapos para tunear el coche, que un día es un día. Al parecer, Gallardón fue responsable de que el Canal de Isabel II comprase otra empresa de aguas con un sobrecoste de veinticinco millones de euros. Si la empresa de aguas llega a ser Font Vella, la exministra Trujillo pide cadena perpetua.

Y para terminar de arreglarlo, hemos leído que *Terminator 6* se rodará en España. Eso que se ahorran, no hace falta que recreen un panorama postapocalíptico. Pero al rodar aquí, el título no será *Terminator*, sino *Procrastinator*, porque aquí lo dejamos todo a medias. *[Comienza a sonar la banda sonora de* Terminator*]*. En España, el robot dice: «Volveré. Pero *pasao* fiestas. Aguántame la cerveza. Hasta la vista. O, como dicen en el Gobierno, Sorayonara, *baby*».

Bueno, ¡yo tengo unas ganas de que hagan *Terminator 6*! No sé cómo hemos podido vivir sin esta película. La película transcurre entre la segunda y la tercera entrega, es decir, cuarto y mitad de *Terminator 2* y *3*. Ya empezamos otra vez a numerar raro las películas, como con *Star Wars*. Cómo les gusta el meneo para arriba y para abajo: «Esto es la precuela de la serie segunda, pero entrando por la derecha al fondo». Hostia, ¡ponlo lógico! Se ve que las numera el mismo que lleva las cuentas del Gobierno. La película seguirá teniendo a los actores principales, es decir, otra vez Schwarzenegger ya un poco mayor. Un poco *Jubilator*.

En fin, que si veis a un tío que parece de otro tiempo diciendo tonterías y moviéndose como un robot, si hay cámaras, no es Rajoy. ¡Es Terminator!

¡Bienvenidos a *Late Motiv*!

DORA, LA EXTERMINADORA

Martes, 24 de octubre de 2017

Buenas noches.

Hoy es el Día de las Bibliotecas. Para celebrarlo, vamos a dedicar a los bibliotecarios un minuto de silencio. Es lo que ellos hubieran querido. No, es broma. No nos podemos permitir un minuto de silencio. Ojo que el gobierno no nos lo empiece a cobrar. Bárcenas se lo cobra a ellos y ellos a nosotros. El ciclo de la vida, de la mala vida.

Para los *millennials*: una biblioteca es un sitio con muchos libros. Y para los *millennials* también: un libro es como si imprimes una web y la encuadernas.

Por si algún día queréis ir a una biblioteca, os doy algunos consejos: en las bibliotecas se prestan libros. Y, sobre todo, se devuelve lo que se presta. Parece una obviedad, pero hay gente que no... ¿Sabéis lo del rescate bancario? Pues al revés.

Las bibliotecas, por lo que yo recuerdo, están divididas por secciones.

Por ejemplo, en literatura española, podréis encontrar el *Quijote*. En literatura muy española, libros de Pérez Reverte. Y en ciencia ficción, el programa electoral del PSOE. Y un último consejo: para leer un libro, se tiene que coger bien. A lo mejor os parece muy obvio, pero mirad esta imagen *[enseña una foto de Rafa Mora sosteniendo un libro de la saga* Crepúsculo *al revés]*. Ahí está Rafa Mora, haciendo difícil lo fácil.

Y hoy también es el Día de la Naciones Unidas. Puigdemont no lo ha celebrado.

Fíjate, es el Día de la ONU y el de las Bibliotecas. ¿Qué tienen en común? Pues que Trump no sabe que existe ninguna de las dos. Hoy es un buen día para preguntarse qué sabemos de la ONU y para qué sirve. De momento, solo ha valido para tener presidentes con nombres molones: Kofi Annan, Ban Ki-moon... El próximo será un árbitro español: Undiano Mallenco, Mejuto González... me encantan esos nombres, solo puedes ser árbitro si te llamas así.

El presidente actual es António Manuel de Oliveira Guterres. El portugués más importante, después de CR7. De momento, no tiene ningún contencioso con Hacienda.

Y en la ONU tienen sus propias fuerzas de paz, los Cascos Azules. Que el uniforme está muy bien si te quieres esconder en una piscina. Los Cascos Azules trabajan por mantener la paz en el planeta: son como los X-Men, pero con los X-Men la película es más creíble.

¿Os habéis enterado de que se acaba el caso de la Gürtel? *The Gürtel is coming* a su final. Estamos en la última temporada. Sí, la última *season*. La trama Gürtel, ya sabéis, la principal causa de muertes accidentales de nuestro país. No se veía una trama con tantas muertes de protagonistas desde *Juego de Tronos*. Qué corto se ha hecho, ¿verdad? Parece que fue ayer cuando Rajoy dijo que esta era una trama contra el PP. Ya sabéis, la típica trama contra ti que hace que te forres.

En esta fase final, la Fiscalía, que está ya que no da pie con bola, ha empezado a presentar sus conclusiones. Dice: «Mira, vamos a acabar esto, porque hay más cosas, ¿saben?». Si esto fuese una película, ahora sería cuando alguien encontraría en los papeles de Bárcenas la clave para dar la vuelta al caso: «Un momento, ¡lo tengo!, M.R. no era Mariano Rajoy. Lo había tenido delante todo este tiempo y no me había dado cuenta, ¡era Miguel Ríos!».

Una de las conclusiones de la Fiscalía es que la trama Gürtel hizo del soborno «un modo de vida». ¿Tú qué eres? Sobornista. ¿Qué has estudiado? ¡Coño! ¡Nada! Soy sobornista, soborno gente, ¡a que te soborno! ¿En qué epígrafe de Hacienda sale eso? Pues en el B, ¿dónde va a salir?

Como al final todos salgan culpables, acaban pidiendo la independencia para un nuevo país, porque es tanta gente imputada que luego no podrán volver a la sociedad y dirán «bueno, pues nos hacemos un país». ¿Y cómo se llamará? «Sobornia». ¿Cómo será Sobornia? ¡Va a molar que te cagas! Un estado donde las leyes no importan, tú puedes hacerlas, pero luego... el dinero te da todo el poder. ¿Y dónde estará la capital? En Soto del Real.

No dejamos los robos. La luz alcanzó ayer por la tarde su precio más alto del año. Hay quien apunta que es culpa de Ferreras, que tiene todo el día la tele encendida, y Ferreras chupa mucha luz. Lo que está claro es que la culpa es de cualquiera menos de las pobres eléctricas, que en cuatro horas ganaron cuatro millones de euros de mierda. A un millón de euros por hora. La mitad de lo que ganaban sus consejeros cuando estaban en cargos públicos. Eso sí que es velocidad de la luz.

Si no lo habéis entendido, tranquilos, porque luego os lo explican todo en la factura, ¿verdad? Creo que mirar la factura de la luz es como comprarse un cuadro en Arco: no entiendes nada, pero sabes que te va a salir carísimo. Os voy a resumir la situación energética de España con una conocida fórmula de Einstein: «E es igual a mc al cuadrado» (E=mc2). Como podéis observar, «E», la energía, es igual a «mc» al cuadrado, o lo que es lo mismo en España: Mis Cojones Cuadrados.

Y vamos con otra noticia que os va a dejar con el culo torcido, *the twisted cool.*

La próxima peli de Dora la Exploradora la va a producir... ¡Michael Bay! Cuidado, que es el director de *Tranformers*. A media película, Dora se convierte en un camión. Bueno, al vivir en el campo... en tractor. «Dora, ¿adónde vas?». «Tengo una misión: arar el campo de atrás».

Se le ha ido la olla a la industria del cine. Lo siguiente es que a Tarantino, como ya hizo *Reservoir Dogs*, lo llamen para dirigir *La Patrulla Canina*. Esto es como si, en España, la película de los Fruitis la dirigiera Almodóvar.

Hay que tener en cuenta lo alejados que están los dos mundos: Michael Bay es el maestro de las explosiones y Dora es una niña que tiene como amigos su mochila y un mono, y que te apela a ti como espectador. Eso es una cosa que me fascina. Dora está ahí diciendo «¿cuantas frutas hay aquí?». Y se queda parada. Y nosotros en casa: «¡CUATRO!». Y ella dice «muy bien, cuatro». Yo una vez probé a engañarla, pero no puedes, eh. ¿Cómo haces una peli de eso? Michael Bay, Dora... ¿Qué puede fallar?

¡Bienvenidos a *Late Motiv*!

BREAKIN BAR

Jueves, 2 de noviembre de 2017

Buenas noches.

Hoy hemos leído que España es el país que más multas paga a la Unión Europea. Tenemos tantas que Europa ya nos ha quitado los puntos. ¿Qué puntos? Los de cada año en Eurovisión.

Desde 2012, España ha pagado siete de cada diez euros que ha ingresado la Unión Europea en multas: cincuenta y cuatro millones de euros en cinco años.

La única explicación que se me ocurre es que el chófer de los eurodiputados en Bruselas sea Esperanza Aguirre:

—Aparco aquí, cuando se aparte el chiquito este.

—¡Que es el Manneken Pis, señora!

—¡Pues si él se mea en la fuente, yo también!

Pero no: hemos pagado cincuenta millones en multas por no aplicar leyes europeas. Aquí somos muy así. Cuando llega la directiva europea, Rajoy la traduce del inglés personalmente *[con voz de Rajoy]*: «*It's very difficult* todo esto». Las leyes europeas, para los españoles, son como las máquinas del gimnasio un mes después de Navidad: no las usas, pero las pagas igual.

Vamos con una noticia que me ha dejado *tó loco*: según la Guardia Civil, la serie *Breaking Bad* (para resumirlo: la del calvo de la droga) ha provocado el aumento del tráfico de metanfetamina en nuestro país. Sí, amigos, ese *spoiler* no os lo veíais venir, ¿eh?

Si me preguntáis a mí, creo que la Guardia Civil se equivoca: en realidad todo es culpa de *Juego de Tronos*, la gente toma metanfetaminas para ver dragones.

Es cierto que *Breaking Bad* es una serie que, si lo piensas bien, tiene un marcado carácter español: el protagonista es a la vez un profesor quemado de la vida, un científico sin trabajo y alguien que, como no gana suficiente, empieza a cobrar en negro. Este tío es de aquí, pero no lo sabe.

De todas formas, siguiendo esta misma línea de culpar a las series de lo que pasa en la vida real, también podríamos decir que la República Catalana ha sido como el final de los Serrano: al final todo era un sueño de Puigdemont y una pesadilla de Rajoy.

Solo falta que digan que *Los Soprano* puso de moda al PP; *The Walking Dead*, al PSOE; *Perdidos*, a Podemos; y *A dos metros bajo tierra*, a UPyD.

Cambiando de tema, ¿sabéis que hay una isla de basura flotando en el océano Pacífico, que es donde se arremolina toda la basura que tiramos, que tiene el tamaño de Francia?

En el Pacífico hay flotando todo tipo de plásticos: botellas, envases, pan del que venden en los chinos... todo plástico.

Pues Al Gore, ese hombre que estuvo a punto de ser presidente, pero Bush le dijo «anda, tira *pallá*», el político conocido como el *pesao* del cambio climático, ha pedido a la ONU que ese territorio se reconozca como país. Sí, una declaración de independencia del país de la basura: un titular que ya han usado algunos periódicos para hablar de otro tema.

Esta petición tiene una explicación, no se ha vuelto loco Al Gore: se ha hecho para alertar sobre esta catástrofe ecológica. En el océano Pacífico quedan tan pocos peces que el mar Muerto los ha denunciado por plagio.

Ojo, que la isla ya tiene bandera, uniforme de la selección y moneda. Y con los políticos, igual: también de plástico. La presidenta va a ser Belén Esteban. Pero bueno, lo están mirando, todavía no está decidido.

Ojo a esto: en Rusia, el país favorito de Trump, una empresa alquila *jets* privados para que la gente se haga fotos y las suba a redes como si estuviera viajando en ellos, pero no. Dile la gente... dile los gilipollas. Internet se inventó para compartir información a gran velocidad. Si eres gilipollas, se sabe enseguida. Por un módico precio de doscientos diez euros, puedes subir al *jet*, hacerte fotos una hora y vivir la ilusión de que es tu *jet*. Eso sí, en tierra. Que digo yo, para hacerte fotos con aviones que no despegan, es más barato y menos ridículo pasearte por el aeropuerto de Castellón. Que lo tienes aquí y por doscientos euros te hacen la ola.

Esto lo hacen algunos para fingir que tienen cosas que no tienen. Es la industria del postureo. Ya sabéis, como cuando Pedro Sánchez volvió al PSOE diciendo que era de izquierdas.

Llamadme clásico, pero si lo que quieres es que tu vida en internet parezca mejor que tu vida real, basta con decir que no vives en España.

Y lo peor es que seguro que esta gente acompaña las fotos en el *jet* con el típico «aquí, sufriendo». Yo los cogía y los metía en Ryanair. ¡A ver si te quedan ganas de hacerte fotos!

¡Bienvenidos a *Late Motiv*!

AZNAR IS BACK

Miércoles, 8 de noviembre de 2017

Buenas noches.

No sé si no os habéis enterado porque se ha comentado poco, pero hoy hay huelga en Cataluña. Retrasos en Cercanías, colas kilométricas en las autopistas, avenidas cortadas, vías de tren cortadas, estudiantes sin ir a clase... Vamos, lo que viene a ser un día normal en Cataluña, pero hoy con huelga. Que digo yo que, si la manera de diferenciarse de España es que un montón de gente esté parada, creo que ese no es el camino, eso ya lo está consiguiendo la ministra de Trabajo, Fátima Báñez.

Pero todo esto de la huelga no es nada comparado con el último impacto sobre el tema catalán. Que no sé si lo conocéis, pero a mí me ha dejado todo el día que no he sido bueno para nada más. Atención a la noticia: ¡Pamela Anderson apoya la independencia catalana! Que decía Mariano Rajoy: «Es que no tienen apoyos internacionales». ¿Querías apoyo? ¿Más apoyo que este? Están ahora mismo todos los independentistas hombres diciendo: «¿Lo ves? A mí siempre me gustó por sus ideas».

Tengo dos teorías de por qué se interesa por Cataluña: una es que se decía que era amiga de Julian Assange; de hecho, lo visitó mucho en la Embajada de Ecuador. Dicen que incluso le daba un poco la turra. Y la otra, la más factible: es guiri. Ha pasado más tiempo en las Ramblas que muchos catalanes. Entonces tiene un vínculo ahí.

Oye, y nosotros aquí tan tranquilos y se ha resuelto uno de los mayores enigmas de nuestro tiempo: ¿quién compra discos de Pitingo? No, ese no, otro. También es un enigma: ¿quién es el misterioso «M. Rajoy» en los papeles de Bárcenas? La respuesta la ha dado un inspector jefe de la Unidad de Delincuencia Fiscal de la Policía, la UDEF, Manuel Morocho. Me encanta el apellido. Porque te retrotrae a algo divertido: ¡hacía un *morocho* esta mañana...! ¡Qué... *morocho*! Morocho estaba ahí y agarraos los *morochos* porque resulta que M. Rajoy era... ¡Mariano Rajoy! ¡Sorpresón!

Morocho ha dicho que el presidente cobró de la Gürtel «indiciariamente». Ha dicho mucho eso todo el rato. Que yo, al no tener estudios, he tenido que preguntar qué significa. ¿Qué es «indiciariamente»? «Indiciariamente» significa que hay indicios, pero que no está probado, pero que es algo más que sospechoso porque hay indicios. Un indicio es cuando dices «aquí hay colillas, aquí se ha fumado». Es un sí pero no, no pero sí. Bueno, como una relación de pareja. Ahí el gallego parece Morocho y no Rajoy. Le iban preguntando nombres: «¿Este está implicado?». Y contestaba «indiciariamente sí».

Para que lo entendáis, podemos decir que, en la Justicia española, los delitos de corrupción tienen tres estados: «presuntamente», «indiciariamente» y «uy, ha prescrito, se siente».

Qué día, ¿eh? Parecía un día tonto. Me he levantado y digo «bueno, un día más...». Pero empezaron a pasar cosas. ¿No habéis notado algo? ¿Una perturbación en la fuerza? Exacto, Aznar ha vuelto. *[Suena un sampler con la* Marcha Imperial *de* Star Wars *y Andreu pone voz de Darth Vader]*. «España va bien». «Albert Rivera... Yo soy tu padre».

Aznar ha hablado. Bueno, él habla cada día, pero ojo: hoy ha hablado en la Cadena SER. No daba una entrevista a la SER desde hacía veintiún años. ¡Un susto cuando ha entrado por la puerta! Se ha presentado allí veintiún años y ciento cincuenta y cinco mil abdominales después.

Aznar está como siempre. Tú te preguntarás «¿cómo está?». Pues esta gente no cambia, está siempre bien. Aznar ha dicho que la guerra de Irak fue un acierto: que está mejor ahora. «Irak va bien». Le ha faltado dejar caer que Cataluña tiene armas de destrucción masiva. Y Bélgica también. Otra cosa que ha dicho: que no se arrepiente de nada de lo que dijo tras los atentados del 11-M (es el hombre que llamó a los periódicos para decir «ha sido ETA» y luego la *mani* masiva española que, ya sabéis, lo echó). Claro: por eso se dice que rectificar es de sabios. Y también que, si ganan los independentistas el 21-D, Cataluña quedará sumida «en la ilegalidad, en la secesión, en la rebelión y en el imperio de la anarquía». Ha acojonado hasta a Piqueras.

Y del tema de la corrupción, que no se arrepiente de haber hecho vicepresidente a Rato. Bankia, sí, y todos los españoles que la rescatamos, sí, pero él no. Aznar dice que Rato fue «un político formidable». Claro, por eso tuvo tantos cargos: vicepresidente, ministro de Economía, apropiación indebida, fraude y cohecho. Pero bueno, eso son tonterías, *mamarruchadas*.

Y no dejamos el terror: se ha doblado el número de caracteres que puedes usar en Twitter. Ha pasado de ciento cuarenta a doscientos ochenta. Lo que Esperanza Aguirre llama «conducir». Que también te digo: ¡ole, Twitter! En España estamos en el mejor momento social para que escribamos más en Twitter. Aunque hay gente muy contenta. A Rufián lo de poder tuitear el doble le ha hecho más ilusión que la República Catalana.

Fíjate cómo estamos, que hay gente que se queja por tener que leer la cantidad de doscientos ochenta caracteres. Aunque es verdad que ahora vas a tardar más en leer un hilo que a Ken Follett.

Y también han modernizado la aplicación. Ahora te sale una rueda que calcula los caracteres que te quedan. Y depende de lo que digas, te calcula los años que te van a caer en prisión según la Fiscalía.

Pero lo mejor es que ya puedes firmar con el nombre completo. Ahora Mariano, cuando termine sus tuits, ya no tendrá que firmar abreviando con «MR». Ahora ya puede poner «M. Rajoy».

¡Bienvenidos a *Late Motiv*!

LA LOTERÍA

Jueves, 16 de noviembre de 2017

Buenas noches.

Empezamos con una noticia marca de la casa: «La economía sumergida supone un quinto de la actividad en España». Sorpresón. *[Preguntando al público]*. ¿Hay alguien aquí que practique la economía sumergida? Claro que no.

El único sitio con más economía sumergida es la Atlántida. Y en Europa, Italia y Grecia. Tres imperios históricos: el helénico, el romano y el hispánico. Todos aprendieron de otro imperio anterior: de los egipcios. *[Hace gesto egipcio]*. Cobrar por detrás. Tú en Egipto no podías pagar legal. Decías: «¡Quiero hacer una pirámide!». *[Y vuelve hacer el gesto egipcio]*. «Pues pónmelo aquí».

A este paso nos vamos a tener que llamar *Bespaña*, España con be. Hay tanta economía sumergida que al toro de Osborne le van a poner gafas de bucear.

Claro, es que aquí es una tradición: el fontanero llega a tu casa, te hace la *ñapa*, te arregla lo que tenga que arreglarte y, cuando ya se va, te hace una pregunta que te pone delante del espejo de tu propia vida y de tus propios valores de sociedad: «Jefe, ¿le hago factura?». Y tú pones una cara de adivinar si él las hace habitualmente o no. Que no es ni sí ni no, es *sssno*. Y él contesta: «No sé, como usted vea». Y en esa ambigüedad vive la ilegalidad. Se pone las gafas de bucear y hacia la economía sumergida. Vaya dilema.

Es como lo de Eva con comerse la manzana. Pero si la manzana costase doscientos euros y la serpiente te cobrase cien por el desplazamiento... «Vengo arrastrándome, ¡tú dirás!».

Que los albañiles van provocando también: se agachan enseñando la hucha como diciéndote «puedes ahorrar».

Yo hay pelis porno que las veo hasta el final por si el fontanero le hace factura a la señora. Si es español, ya sé que no.

Oye, y ya está aquí la Navidad. Se puede decir que ya ha empezado la temporada navideña porque ya hay anuncio de la Lotería.

En breve pondrán las luces y nos encontraremos en la cena de empresa rezando por no ser el que acaba enseñando el culo este año. En las empresas buenas tienen un tío que solo está para eso. No hace nada más en todo el año. Suele ser el jefe.

El anuncio de este año lo dirige Amenábar. ¿Por qué? Porque la Lotería siempre les toca a *Los Otros*. Y descubres que eran unos fantasmas. La versión íntegra del anuncio dura veinte minutos, pero ya os lo resumo yo, porque es algo raro. Vamos a ver, es de ciencia ficción. Dices: ciencia ficción en España, ¿salen concejales de urbanismo honestos? No, sale un marciano. Vendría a ser ET a la española, o sea, ETT. Resulta que baja un marciano, una especie de bola de colores y crea una chica humana basándose en el cartel de una chica joven. La historia hubiera sido muy diferente si cogen como modelo a Joseba, el de Carglass.

La marciana conoce a un chico español en la cola de Doña Manolita y la confunde con una guiri fumada. Entonces dice: «Me ha tocado el gordo». Y se la lleva a casa. Llámalo tonto. Al final les toca la Lotería, el gordo de verdad. Que también es mala leche que le toque a un marciano, joder. Que si ha llegado hasta la Tierra, pasta tiene. El billete desde Saturno no tiene que salir barato.

Y hace llorar. Porque no es anuncio de Lotería si no se llora. La Lotería hace llorar siempre. Sobre todo, si toca en tu empresa y tú no has comprado.

Por cierto, ¿sabéis la última novedad en los aviones? ¿Más espacio entre los asientos? ¡No! Más asientos entre los pocos espacios que quedan. ¿Cómo lo van a hacer? ¿Haciendo los aviones más grandes? Pues no. Haciendo los asientos más pequeños. Sí, amigos. A partir de ahora tendremos que ir más estrechos, y Kim Kardashian tendrá que ir en coche. A la Kardashian no le cabe ni en *business*.

En 2019, Ryanair, esa gran marca, esa gran firma, recibirá aviones con siete asientos adicionales. ¿Sabéis la música esa que ponen cuando entras al avión? Pues cuando se para, el que se quede sin asiento, viaja de pie. Van a hacer un juego. El 2x1 de Ryanair no es una oferta, es el número de pasajeros por asiento.

Y esto os interesa: se ha anunciado que la mayor playa artificial de Europa estará a solo cuarenta y cinco minutos de Madrid capital. Cuarenta y cinco minutos, que es lo mismo que tardas nadando en la Barceloneta hasta que encuentras agua limpia.

La playa se llamará Alovera Beach y, para vuestra sorpresa, estará en Alovera, Guadalajara. No han arriesgado. Castilla La Mancha. *[Con acento madrileño].* «Pues eso, aquí, en Madrid». Claro, y si la hubiesen construido en Alcantarilla, Murcia, también estaría aquí, en Madrid, a solo trescientos ochenta kilómetros. Las playas de Madrid son como los de Bilbao: nacen donde quieren.

Ojo, que es la mayor playa artificial de Europa. Que no sea todo un plan de Rajoy. Como a los alemanes les encanta la playa, quiere atraer a Merkel a Madrid, para no tener que ir él a Berlín.

Solo le veo dos inconvenientes: que estando a cincuenta kilómetros vas a tener que madrugar mucho para poner la toalla. Y que no llega el metro. Cuidado, porque de tener playa a vender sombreros mejicanos en las tiendas de *souvenirs* solo hay un paso, sé de lo que hablo.

Por cierto, la playa tendrá islas. Mini islas. Ya hay políticos que quieren montar mini *off-shores*. Son ideales para blanquear pequeñas cantidades de dinero negro. Para el pequeño blanqueador. El PYME. El Pequeño y Mediano Estafador.

Bueno, que Madrid tenga playa demuestra que pagando se consigue cualquier cosa. Pero no hace falta que os gastéis eso. ¿Para qué quiere Madrid una playa? Para eso ya está la M-30 cuando llueve. Donde, además, puedes hacer esquí acuático.

¡Bienvenidos a *Late Motiv*!

«OH, MAMA»

Martes, 21 de noviembre de 2017

Buenas noches.

Bienvenidos a Movistar, todo lo que ven es suyo, ¡pagando, claro!

Hoy ha salido el estudio de la OCDE que evalúa las capacidades de los escolares, el informe PISA. Se llama así porque casi todos los países nos han pasado por encima. Este año se evaluaba la capacidad de los alumnos para ponerse de acuerdo, y resulta que tenemos los estudiantes de Europa que peor trabajan en equipo. Son todos futuros votantes de izquierda.

El informe también afirma que los estudiantes que abusan de los videojuegos, del deporte o de la vida social, así, en general, sacan peores notas. No me digas. Me he quedado muerto. ¿Cómo puede ser? No estudiar no ayuda. En fin, videojuegos, vida social... Un saludo para Froilán.

Y hoy es el Día Mundial de la Televisión. ¡Una ilusión! Un saludo a los que nos veis por YouTube. Estoy acostumbrado, es mi día a día.

Qué curioso, ayer fue el Día del Niño, y hoy el Día de la Tele. Causa-efecto. Mi generación se crio con la tele, era una novedad y, claro, así estamos. Alguno, el Día de la Madre, cuelga una foto besando el plasma: «Qué bien has envejecido, mamá, cada vez más delgada». Porque la ves como tu madre. Como los patitos que siguen cuando nacen a lo primero que ven... pues nosotros igual con la tele.

Ahora la chavalería ya no ve la tele, lo que está de moda es el vídeo bajo demanda. Haces un vídeo, lo subes a Twitter y el fiscal te pone una demanda.

Yo reivindico que se celebre el Día del Mando a distancia, el gran olvidado de la tele. El mando a distancia ha tenido un influjo brutal en aspectos de nuestra sociedad, como la natalidad. Cuando apareció el mando a distancia, bajó la natalidad. ¿Casualidad? No; al tener mando, ya no hacían faltan hijos para que se levantaran a cambiar de canal. Y solo había dos canales, la primera y la segunda. Y eso era lo que pasaba en casa:

—Nene, levántate a cambiar la tele.

—¡Joder, papá!

—¡Que te levantes!

Y, entonces, tú ibas y cambiabas. *[Hace el gesto de cambiar de canal].* «Pon otra vez la primera». «Hostia, no os gusta naaadaaa». *[Otra vez hace el gesto de cambiar de canal].* Y así. Luego pasamos al palo escoba, y ya, finalmente, al mando a distancia.

Y os preguntaréis: «¿Cuál fue la primera emisión de tele de la historia?». Seguramente una carta de ajuste. ¿Sabéis lo que es? No sé si todavía existen. Eran una serie de colores muy locos dispuestos en la pantalla sin sentido alguno, teóricamente para que tú ajustaras ahí los niveles. Era como ver por la tele un vestido de Desigual. No tenía sentido, pero te atraía. Eso, cuando era color; antes del color tenías que ajustar el gris, una cosa muy acorde con la España de los años sesenta.

Nosotros hemos descubierto que la primera carta de ajuste guardaba un secreto. Había algo que ya estaba allí. Había estado allí todo el rato, pero nadie lo había visto. Vamos a ver la verdad sobre los orígenes de la televisión. *[Enseña un* zoom out *sobre una carta de ajuste, y es un ojo de Jordi Hurtado].*

Un abrazo, Jordi Hurtado, la televisión eres tú. Él estaba allí, con su sonrisa, esperando:

—¿Hago el concurso ya?

—Bueno, espérate, que todavía no tenemos tecnología.

—Vale, pues cuando me digáis.

Y así sigue. La tele acabará, se acabará la humanidad y él dirá: «¿Y ahora yo qué hago? ¿Alguna civilización nueva?».

Oye, hablando de cosas chungas, en España estamos en alerta por la sequía. ¿No lo sabéis o qué? Claro, como bebéis agua embotellada... La peor en veintidós años, como esta edición de *Gran Hermano*, prácticamente. Pues las reservas de agua hacía mucho que no estaban tan bajas. Rajoy intenta echarle la culpa a Venezuela, pero no sabe cómo. *[Imitando a Rajoy].* «Se la ha bebido toda Maduro... ¿No cuela? ¿Y la europea? Pues los rusos». Los rusos han tirado una goma, como cuando te quedas sin gasolina, una goma muy larga, una manguera desde Rusia. Sabes eso que hacen *[hace gesto de sorber una manguera]* y llenan un pantano. Es que no va a colar.

El gobierno está haciendo todo lo que puede para solucionarlo. En un intento desesperado para que llueva, TVE ha vuelto a emitir *Operación Triunfo*.

Y claro, como no llueve, ya sabéis lo que pasa: que las hidroeléctricas no producen y sube la factura de la luz. Es curioso, porque la luz también sube cuando llueve mucho. El caso es que los españoles en dos días estaremos sin agua corriente ni electricidad. Esto será *Mad Max*. Solo sobrevivirán los más brutos. Ya lo están celebrando en Forocoches.

Hablando de clima: quince mil científicos (que no son dos ni tres, que son quince mil, que eso es un grupo de WhatsApp largo) han alertado de que, en todo lo que sería el planeta Tierra, si no hacemos algo ya para salvar el planeta, nos vamos a tomar por el agujero negro. Bueno, ellos lo han explicado mejor.

Dicen que, entre el cambio climático, la deforestación y la extinción de especies, nos va a salir más cara la reparación que comprar un planeta nuevo. Nos lo va a decir un mecánico con un palillo en la boca, va a venir al planeta y va a decir: «Esto les va a salir por un pico, eh, porque las piezas me las traen de Ganímedes».

Son científicos que trabajan en ciento ochenta y cuatro países, y dicen que, como sigamos así, habrá «miseria generalizada para los seres humanos», que de esto los científicos españoles saben mucho.

Esto coincide con que la NASA afirma que, en menos de veinte años, se producirá el primer contacto extraterrestre. Iker Jiménez tiene ahora una erección. Veinte años, calculan. Esto está ya al caer.

Cuando lleguen los marcianos, habremos arrasado el planeta nosotros. Se lo dejaremos para entrar a vivir, tipo *loft*. O sea, todo despejado. Dirán «hostia, qué mierda de planeta». Y siempre habrá un *cuñao* que dirá: «No, bueno, pero esto antes era la hostia, eh».

Entonces, lo que la NASA ha dicho en realidad es que seremos los humanos los que descubriremos vida en otro planeta. Verás qué gracia les hace conocernos y descubrir que el más importante del planeta es Trump. Yo creo que dirán: «No nos interesa, gracias», y cerrarán la puerta. Seremos los testigos de Jehová de la galaxia.

Pero no es la única noticia que nos llega de la NASA. Han encontrado un asteroide que tiene una forma misteriosa. *[Se oye música galáctica y enseña la imagen del asteroide, que es una roca con forma de pepino].* Vale, lo digo yo porque en la NASA lo han pensado, pero no lo han dicho: NASA, esto es un... *[se frena la música galáctica]* ... zurullo. Intergaláctico sí, pero un zurullo.

Yo creo que es un mensaje que nos manda el universo, que nos está queriendo decir algo. Si nos hubiera puesto un wasap, sería una caca con ojos.

A pesar de su aspecto, le han puesto un nombre hawaiano muy bonito: Oumuamua. Me encanta. Eso es lo que vamos a decir cuando se acerque a la Tierra, y que resume muy bien los tiempos de hoy: «Oh, mama».

¡Bienvenidos a *Late Motiv*!

JUEGOS DEL HAMBRE

Lunes, 4 de diciembre de 2017

Buenas noches.

¿Cómo estáis? Ya veo que bien. Eso me gusta mucho.

Hoy os voy a cortar el rollo, ¿vale? Solo entrar... va a doler un poquito. Nos hemos enterado de la cifra del paro. Es un número tan largo que parece el anuncio de la Lotería de este año. Sube el paro, sube la luz y empieza la Navidad. Este año, Ramonchu en vez de dar las campanadas va a decir: «Que comiencen los Juegos del Hambre. ¡Que salga la vaquilla!». La cosa está tan mal que este año los Reyes Magos te van a traer su currículum. Y van a mentir: «Inglés nivel alto». Menos mal que el gobierno tiene un plan para el desempleo: trabajar en un centro comercial de paje de Melchor. Con suerte te hacen fijo.

Donde más ha subido el paro es en Cataluña. Normal: mucha gente fue a currar y cuando llegó... «¡Coño, se ha fugado la empresa!». Con eso no contábamos. Oye, ya sabemos que estamos mal, pero ¿que llegues a trabajar y no esté la empresa? Bueno está, pero aquí no. Ahora está en Alicante. Las empresas catalanas han viajado tanto que la paga extra la dan en puntos de Repsol.

Y después del paro, seguimos con buenas noticias: la hucha de las pensiones (una hucha gigantesca, enorme, que está en algún lugar escondida) solo tiene dinero para una paga más. El PP se la ha fundido, en menos de siete años ha bajado un noventa por ciento de nada. En lugar de un cerdito, van a representar la hucha con un insecto palo. Eso representa bien el ahorro en España.

Ya hay abuelas que les cogen a sus nietos un billete de diez euros. No como antes, que la abuela decía: «Toma, que no se entere tu madre». Ahora son las abuelas las que dicen a sus nietos: «¿Llevas dinero? Dame algo y que no se entere tu madre». O sea, ¡al revés!

La buena noticia es que, gracias al Gobierno, a partir del año que viene, todas las pagas van a ser extraordinarias. No ha colado.

Y en un rato, a las doce, empieza la campaña electoral en Cataluña. Qué ganas, ¿verdad? Poco se estaba hablando de Cataluña estos días. Se presenta un buen diciembre: campaña electoral y cenas de empresa. ¿Sabéis lo de *winter is coming*? Pues esto es peor.

Hoy, el Supremo (que es lo máximo, por algo se llama *El Supremo*) ha decidido mantener en prisión a Oriol Junqueras y los Jordis. El Supremo también ha decidido que el resto de *exconsellers* pueden salir de la cárcel pagando cien mil euros. Siendo catalanes, eso es ir a hacer daño.

De todas formas, toda esta situación nos habla de cómo están cambiando los tiempos: hasta ahora estábamos acostumbrados a que los políticos fuesen a la cárcel después de ganar elecciones, no antes. Para ahorrar tiempo, algunos partidos van a buscar candidatos directamente en Soto del Real. Que hay allí una buena cantera.

Y como cada año, se ha celebrado la Feria de esoterismo y artes adivinatorias: se llama Magic. Acabó ayer, para que no los confundieran con la campaña electoral. Una feria que siempre es un éxito, porque, si supieran que va a ser un fracaso, no la harían. Son adivinos, no gilipollas. ¿Dónde fue? Adivina. No, fue en Barcelona. Era fácil de encontrar. Veías una columna de humo, te acercabas y ellos te lo vendían.

Es como una ExpoBruja. Allí te enteras de las novedades del sector de la adivinación. Para 2018 han augurado que habrá un terremoto en Almería. Que también es mala suerte que el terremoto sea en Almería. Si fuera en Jaén, sería una desgracia, pero te ahorras varear la oliva.

Y yo no digo nada, pero en esa misma feria, y de manera oficial, han pronosticado (esto os va a doler un poquito) que el Barça ganará la Liga.

Pero tranquilos, porque para 2017 en esta misma feria dijeron que Trump dimitiría y habría una fuga nuclear. Casi. Trump aún no ha dimitido, pero su cerebro sí. Y lo de la fuga nuclear... en Movistar estrenamos la serie de *La zona*, que va de eso. A ver si en vez del futuro lo que ven es la tele de pago. No lo sé. Pero así está la cosa.

Atención, porque ayer fue un día importante. Se cumplieron veinticinco años del primer SMS de la historia. Felicidades, Rajoy. Vamos a ver lo que seguro que ponía en ese primer SMS. *[Enseña la fotografía de una pantalla de móvil que pone «Llámame tú, que no tengo saldo»].*

No, es broma. Pero es verdad que el SMS fue la mejor manera de pedir que te llamaran. Era esto o hacer una perdida; *perdi* la llamábamos en aquel momento. Sí, siempre hemos sido horteras. *Perdi*. «Te hago una *perdi*», que no sabías si era una *perdi* o se había *cortadi* la *llamaditi*. Entonces estabas todo el rato allí con la movida. El primer texto de SMS fue «Feliz Navidad». El segundo fue: «Salvar Chenoa».

Fue un invento complicado. Porque, como solo había uno, el hombre pudo enviarlo, pero el destinatario no podía recibirlo. Tú lo enviabas y se quedaba en el limbo. Parecido a los presupuestos y los impuestos.

Ahora ha vuelto a ser un mecanismo para sacarte la pasta. Solo te llegan SMS de Hacienda, del banco o para sacar a alguien de algún sitio *[Andreu hace que teclea en un móvil y pone voz de Rajoy]*: *«Shalvar Luish al 5555»*.

Para los *millennials* que habéis nacido con un *smartphone* debajo del brazo: «xD» era el «LOL». Y la flamenca era así: «dos puntos, guion, Lolailo».

El SMS era como vuestro Twitter. Con límite de caracteres. Y para que no te cobraran, escribías sin vocales, que era una cosa terrible, que parecía que te había robado el móvil un tío checo. Hostia, ¡el lenguaje va a degenerar! No, solo nuestras mentes.

Y los emoticonos. Había que hacerlos con signos de puntuación. ¡Qué complicado era descifrar eso! Dos puntos y un paréntesis era una cara sonriente. Un punto y coma era un guiño, y M. Rajoy... ahí sigue el misterio, sin que sepamos qué significa.

¡Bienvenidos a *Late Motiv*!

ROAD TO BRUSELAS

Miércoles, 6 de noviembre de 2017

Buenas noches.

Hoy ha habido una protesta multitudinaria de catalanes en Bruselas. Se nos ha quedado pequeña Cataluña y hay que ir ya por ahí, hasta Bruselas, para denunciar la situación de los líderes independentistas.

Muchos catalanes han ido allí a protestar, mucho y muy catalanes, que diría Rajoy. Se han repartido entre hoteles, casas particulares... menos dos familias enteras de Badalona, que han dormido en el pelo de Puigdemont. Familias con hijos, con hijos.

Es curioso ver a miles de catalanes en el extranjero, cuando normalmente es al revés: miles de extranjeros en Barcelona. En algunas pancartas ponía «¿A que jode?». Y el belga, que normalmente es un poco estirado, decía «no sé de qué me está hablando».

Se han llevado, los catalanes, sus propios peajes, eso sí. *[Al público]* Sí, vosotros os reís porque sois de Madrid, claro, pero un catalán sin peajes está como fuera de contexto, ¿no? Incluso se han dado casos de catalanes viajando por España que, aunque no haya peaje, lo pagan igual.

Ven a alguien allí y dicen «¡tome!» *[Y hace el gesto de pagar un peaje]*.

Si ya cuesta organizar un viaje con cinco, eso que haces un grupo de WhatsApp y dan por el saco todo el día, imagínate miles de catalanes. Los de Convergència querían ir en primera clase, los de la CUP en BlaBlaCar... «¡Burgueses!». «¡Antisistema!». ¡Vaya bronca han tenido! Bueno, como durante toda la legislatura. Y así ha ido la cosa, vamos a ver cómo continúa, porque va a continuar.

Y ayer fue el día —por cierto, vaya semanita— para festejar el cuerpo de Bertín Osborne, más conocido como el día de la Constitución Española.

Una de las noticias de la celebración ha sido que Pablo Iglesias, otro cuerpo, el líder conocido en Euskadi como «el Coletari», acudió a los actos. Había ido en 2015, pero no en 2016. O sea, es de celebrar la Constitución, pero solo los años impares. Claro, él es republicano. ¿Con qué ánimo conmemora el aniversario de una Constitución monárquica? No se veía nada tan desubicado desde la ese de «socialista» en las siglas del PSOE. Pero no, Pablo estuvo allí, estuvo allí, bien.

Bueno, que esto es España y para reformar la Constitución casi te sale más a cuenta hacer una nueva, porque para arreglarla antes hay que consultar a Alemania. Como para cualquier cosa, ¿no? Pero, en fin..., ahí estamos.

Ah, y una cosa, sé que estabais preocupados y tengo que desmentir un bulo que ha recorrido internet estos días y que nos tenía muy preocupados. La Unión Europea NO va a prohibir los... kebabs. *[El público aplaude]*.

Tranquilos. Antes prohíben la entrada de refugiados en Europa. Pero los kebabs... ni tocarlos.

La cosa es que... ¿qué pasa con el kebab? Lleva un aditivo prohibido en la UE. El fosfato. ¿Y para qué sirve el fosfato? Pues sirve para que no se reseque un troncho de carne de un metro que se pasa quince días al lado de una calefacción. Lo llevan los kebabs y las cremas de Isabel Preysler. Pero hay que decir que Isabel tiene mejor aspecto que un kebab.

Pero esto no es lo importante. Yo lo que prohibiría —no soy muy de prohibir, ¿eh?—, pero si nos ponemos a prohibir, de los establecimientos de kebabs, es el famoso chiste de «¿Tienes hambre? ¿Yo? ¡Kebab!». Eso ya, por favor, que entre la Fiscalía, que entra en todos los lados, coño. ¿No va a entrar ahí? «¿Ha dicho usted esto? ¡*P'al* trullo!». «Es que ya no quepo». «Bueno, es igual».

Esto del kebab es un mundo, yo no sé si estáis de acuerdo. Yo he llegado a pensar que el kebab era un animal aparte. Yo es que tengo muy poca formación, como ya habéis comprobado, pues digo: «Hostia, esto de dónde lo sacarán». Yo pensaba: «Es un bicho alargado, que le quitas la piel y lo pones a asar. Y con la piel, te haces una bufanda. O lo que sea, ¡yo que sé!».

Lo dificil es elegir entre kebab y dürüm. *Durúm, dúrum...* Nadie lo dice bien, ¿eh? Te dicen: «¿Kebab?». Y te lo dan. Te dicen: «¿Dürüm?». Y ya no sabes. Y dices: «No sé, porque ya, de perdidos, al río, ¿no?». «Yo qué sé, tengo hambre, no tengo nada en la nevera. Dame, dame lo que quieras, dame más gasolina». Entonces dürüm, sí, venga *p'alante* con el dürüm. Y cogen el mismo kebab y te lo enrollan.

Pero lo que me molesta de verdad del kebab es que sea una cosa pinchada en un palo y no sea un invento español. Que aquí somos mejores en eso.

Y en fin, como nos va tan bien todo, he pensado que debo deciros también que este año hemos gastado más que otros años en luces de Navidad. Seguramente lo habréis notado. Sí, sí, en España, ¿eh? Desde el espacio se ve la Gran Muralla China y una masa de luz que es España. Si vienen los extraterrestres, pensarán que somos el puticlub de la Tierra. Esto es así, claro, esto te tranquiliza y te aclara muchas cosas, porque Iker Jiménez siempre está con lo suyo; ya sabes, que está con esa brasa de «hay que ver, se han visto unas luces...». Cómo no se van a ver, si vienen como los mosquitos. ¡Como los mosquitos! Un OVNI que entra ya en la galaxia... ¡*zooooom, pa'* España!

Por cierto, dicen que las luces incentivan el consumo. Incentivan el consumo, pero con bombillas de bajo consumo. Que alguien trabaje esto, por favor. Es como hacer una campaña para incentivar el ahorro con fotos de Rodrigo Rato.

También se ponen más luces porque las eléctricas lo están pasando mal y, por eso, por favor, también vamos a pensar en ellos. Con lo barata que está la luz... no les da ni para pagar el Lamborghini. Hay que apoyar a ese colectivo. Si se hunden las eléctricas, ¿dónde van los pobres exministros?

La tendencia —siempre hay tendencias en eso de la iluminación de Navidad—, por lo general, dicen, es renunciar a los motivos religiosos. Antes las luces te recordaban el Nacimiento, el pesebre, los Reyes Magos... Ahora ya se han chiflado un poco, no sé si estáis de acuerdo, y recuerdan un viaje de ayahuasca.

Se llevan los temas abstractos y las luces blancas. Pero depende del sitio. En Barcelona, Cataluña, gusta el amarillo. Y en Ferraz hay muy poco rojo, por lo que yo veo. Depende, es muy local.

Otra cosa que está llegando, porque esto está llegando, amigos, es que hemos leído que escuchar villancicos antes de hora puede afectar a tu salud mental. Vaya novedad. Deduzco que escucharlos mil veces cuando toca es muy bueno y te hace feliz...

El villancico es el tema que nadie soporta, pero todo el mundo tolera. La gente dice: «Total, son unos días». Hostia, pero se hacen largos, ¿eh? Se ve que relacionamos (esto es verdad) los villancicos con el estrés que provocan las cenas de empresa, comprar los regalos o sufrir porque en Fin de Año nadie le ponga una rebequita a la Pedroche. Cosas así. Lo oyes y, coño, ya estás inquieto, en lugar de estar a gusto.

Pero la culpa también es de las letras, porque esto es muy raro y muy lisérgico. «Pero mira cómo beben los peces en el río... que beben y beben y vuelven a beber...». Que no ha bebido nunca un puto pez en un río y tiene que beber en Navidad: intentas analizar eso y acabas ingresado, como el Joker. O peor, como Álvaro de Marichalar. Acabas *marichalao*. *Marichalao* perdido.

¡Bienvenidos a *Late Motiv*!

«M. WONDERFUL»

Miércoles, 13 de diciembre de 2017

Buenas noches.

Hoy Rajoy ha estado en la sesión de control del Senado. Eso ya es noticia. Porque parece que Rajoy, cuando le preguntan si va a ir al Senado, responde lo de «Mire *usté*, lo que tengo aquí colgado». No, eso no ha pasado.

Tiene que ir una vez al mes, pero este año ha faltado la mitad de las veces. Vamos, que ya ha ido más que muchos senadores.

El PP dice que normalmente no ha ido por compromisos internacionales; eso siempre queda bien. Ahora mismo, Rajoy está pidiéndole a Merkel un justificante. Y está ahí Merkel *[hace el gesto de escribir]*: «Marianito no ha ido al trabajo porque tenía unas décimas de déficit y el PIB inflamado».

En fin, que es una pena que no vaya más. Porque cuando va, como hoy, nos deja perlas, una frase que quedará para la historia de España. Sí, amigos, Mariano lo ha vuelto a hacer.

Lo que ha dicho a la salida es entre extraño y entrañable: «Que les vaya a todos ustedes bien y, si es posible, a mí también». Un aplauso, por favor. Y luego dicen que Mariano no está al tanto de las cosas. «A ver si me va bien a mí también, ja, ja, ja». ¡Incluso se ha reído un poco! Mira, se ha gustado.

O lo ha poseído el espíritu navideño, o el de Paulo Coelho. Es de esas frases que dan como buen rollo, con las que te gustaría desayunar cada mañana. Nosotros hemos hecho que esto sea posible. Hemos sacado... la taza de Mariano. *[Andreu saca una taza con una frase a lo Mr. Wonderful].* «Que les vaya a todos ustedes bien y, si es posible, a mí también». No descarto que hagamos toda la colección con las frases de Rajoy. ¡Serían las tazas de «M. Wonderful»! Ideal si te gusta el café negro.

Y como cada año por estas fechas, se ha publicado la lista de lo más *googleado* en España en 2017. Si no sabéis lo que es *googlear*, lo buscáis en Google. En España, el número más buscado en Internet ha sido el 155, por primera vez por delante del 69.

Las preguntas que hace la gente a Google también se contabilizan, y una de las más buscadas ha sido —y creo que esto define mucho a una sociedad preocupada por lo que pasa, consciente, conectada con su momento—: «¿Cómo eres según tu nombre?». Pues mira, ya te lo digo yo, si detrás del nombre tienes algún palito, eres rey o papa. Y si tienes un número, eres un iPhone.

Otra de las preguntas más buscadas ha sido algo que a todos nos quita el sueño: «¿Cómo preparar torrijas?». O sea, el mundo se va a la mierda, a todos los niveles imaginables, en España, en Europa, en Estados Unidos... y la gente «¿cómo se hace una torrija?». ¡Ponlo! ¡Que si el mundo se acaba que me pille *entorrijao*! ¡Es alucinante! ¿Quién buscará eso? Pedro Sánchez seguro que no, porque él lleva todo el año preguntando a Google: «¿Cómo ser de izquierdas?».

Y en España... quizá os parezca increíble, pero Cataluña ha sido lo más buscado en toda España. Igual que sus dirigentes. Fíjate que a lo mejor algún dirigente político catalán se está buscando a sí mismo en internet, que a su vez lo busca a él... está en un bucle de búsqueda.

Por cierto, hablando de Cataluña: según una encuesta, desde que empezó el *procés*, un veinticinco por ciento de los catalanes ha aumentado sus relaciones sexuales. Ya lo llaman el *prosex*. ¡Y yo en Madrid! ¡Siempre me pierdo lo bueno! Le he comentado a mi esposa, que vive en Barcelona: «¿Tenemos que hablar de algo o qué?».

Ojo, que un siete por ciento de los encuestados han ligado en las concentraciones. Se liga más en una *mani* catalana que en *First Dates*. Ahora lo entiendo todo: «soberanismo» no viene de «soberanía», viene de Sobera. Estaría bien ver a Sobera comentando las movilizaciones *[levanta la ceja, imitando a Carlos Sobera]*: «Parece que Rufián está intentando ligar preguntando qué rima con 155».

Y a estas alturas de diciembre, amigos y amigas, toca hablar de un tema delicado. Alguien tiene que hacerlo y cuanto antes mejor... Las cestas de Navidad. *[Se oye un golpe de tensión]*.

¿Mito o realidad? La cesta de Navidad es ese lugar en el que se dan la mano el turrón de yema con los berberechos, los espárragos con el mazapán o el jamón serrano con los melocotones en almíbar, por si el melón con jamón no os parecía exótico.

¿Sabéis dónde todavía dan cestas? En los partidos políticos. No te lo esperabas, ¿eh? Nosotros tenemos cestas de los principales partidos; si me acompañáis voy hacia el set navideño *[Andreu se acerca a un muestrario de cestas de diferentes partidos políticos: PP, ERC y Podemos, mientras suena una música de Teletienda navideña].*

Por ejemplo, aquí está la del PP: en vez de turrón del duro, viene con un par de discos duros y un martillo para cuando haya que *formatearlos.* Un vino para Rajoy, que es muy fan. *[Se oye un* sampler *con la voz de Rajoy diciendo «¡Viva el vino!»).* Y claro, en lugar de jamón: chorizos. Lo que tiene la cesta del PP, amiga que estás en casa, es que es muy versátil. Mira, si le pones esto... *[le pega un lazo rojo]* te sale la del PSOE. Lo mismo, pero con un lazo rojo. Y si cambias cada producto por el mismo de marca blanca, consigues la de Ciudadanos.

[Andreu avanza hasta la cesta de ERC]. Esta es la de Esquerra Republicana, que curiosamente es la más cara. ¿Tiene jamón cinco jotas? No, peor: tinta para impresora. Capricho de Rufián. ¿Y esto? ¿Un libro de Pérez Reverte en la cesta de Rufián? Debe de ser para encender la chimenea.

[Avanza hasta la cesta de Podemos]. Y esta debe de ser la de Podemos. Porque tiene turrón blando para Carmena. Champín para Errejón... y anticongelante para Echenique.

Muchas gracias, ¡Feliz Navidad!

¡Bienvenidos a *Late Motiv*!

JORNADA DE REFLEXIÓN

Miércoles, 20 de diciembre de 2017

Buenas noches.

Hoy entramos en la jornada de reflexión catalana. Es como la crema catalana, con mucho *quemao* por encima. Espero que sea igual de dulce. *[Andreu junta las manos como rezando y mira al cielo]*.

Hoy los catalanes reflexionamos sobre a quién votaremos el veintiuno, y el veintidós nos iremos al rincón de pensar, venga, otra vez. ¿No se os hace raro que sea un miércoles? Normalmente la reflexión de «¿qué voy a votar?» es en sábado. Igual que la de «¿qué estoy haciendo con mi vida?» cae en lunes, y normalmente de septiembre.

¿Y qué han hecho hoy los candidatos? Están dando información continuamente, incluso de lo que no van a hacer estando de reflexión, o lo que van a hacer ese día. Es alucinante. Son sus días, claro. Hoy hemos sabido, por ejemplo, que Iceta ha aprovechado la mañana para comprarse unas gafas nuevas. Bueno, es una información superimportante, sin la cual la política no puede evolucionar. Supongo que ha pillado las gafas de lejos, porque es la única forma de verle la cara a Albiol *[imitando a Albiol]*: «¡Hola, Iceta!».

Después ha ido a ver la nueva de *Star Wars*, y no ha sido el único: Domènech y Albiol le han copiado el plan. Así somos en Cataluña: empezamos a pactar antes de las elecciones. Lo de Albiol en *Star Wars* se entiende, porque en su partido son muy de hacer cosas por la fuerza. Albiol ha dicho, y esto es cierto, que iba hoy miércoles porque la entrada es más barata. Está intentando captar el voto catalán, catalán. Junqueras ha pasado un día tranquilo en la cárcel. Como si hubiera otro tipo de día allí. Puigdemont ha pasado un día tranquilo en Bruselas. Como si hubiera otro tipo de día allí. Un día frío, supongo que también. Y, por último, Arrimadas ha pasado el día entre los suyos *[enseña la imagen de Inés Arrimadas, portada del ABC]*.

Pero no todo van a ser malas noticias. Porque (y esto os va a gustar, que os conozco ya un poco): ¡Gobierno, patronal y sindicatos han acordado subir el salario mínimo! *[El público hace una ovación]*. ¡La friolera de... veintinueve euros mensuales! *[El público sigue con la ovación, pero ahora en pie]*. ¡Y no será hasta finales del año que viene! *[El público sigue con la ovación, todavía más enloquecidos, aplauden y lanzan bravos. Le pasan un pañuelo a Andreu, que se seca las lágrimas emocionado]*. ¡Qué alegría! Me emocionan estas cosas, lo hemos pasado tan mal, y ahora esto es la recuperación. Enhorabuena a la casa Porsche, que dice que se está preparando porque van a doblar las ventas.

Veintinueve *eurazos* al mes. ¿Tú sabes lo que es eso? Te da para ir al cine una vez al mes. Si guardas el sueldo de ocho meses, te da además para las palomitas, fíjate lo que te digo. O refresco. Las dos cosas no, que nos malacostumbramos.

O, por ejemplo, en Ikea, que lo he mirado esta tarde con la emoción: por veintinueve euros te puedes comprar una cómoda Kullen de tres cajones. Ojo, una al mes. Puedes comprarte doce *kullens* en un año. Treinta y seis cajones. ¿Para qué? Pues para poder decir: «¿Subida? ¡Mis cajones!».

Bueno, y acaba ya la semana del amigo invisible. ¡Por fin! Es esa tradición navideña de regalar cosas horribles y baratas a alguien que no te importa, pero, como lo haces desde el anonimato, te da cierta gustera. Dices: «Claramente estoy comprando una mierda, pero como no sabe que soy yo...». Aunque luego, cuando se acaba lo del amigo invisible, siempre hay alguien del grupo que dice: «Vamos a decir quién era cada uno». Y cuando ves a alguien que dice «yo no lo digo», ese es el que claramente se ha gastado menos. Así es la semana del amigo invisible, o lo que los bazares chinos llaman la Semana Grande. Allí no entienden nada, eh. Ya no entienden que les compremos lo que tienen en esos bazares, pero cuando vamos a comprar todos en masa dicen *[imitando acento chino]*: «Vaya todos locos España».

Siempre se ha dicho que «lo importante de un regalo es la intención». Pero tú ves el regalo del amigo invisible y piensas: «Si este es el regalo, la intención no quiero yo conocerla, eh. Porque tiene que ser la hostia».

A ver, los regalos del amigo invisible —vamos a decirlo— son comprados en el último momento, esto es así. No como el resto de los regalos de Navidad, ¿verdad? *[Andreu hace una pausa larga y se oye un sonido de grillos]*. Bueno, no voy a hurgar ahí. Los Reyes Magos ya saben lo que hay que hacer.

Y otra buena noticia. Por fin la Justicia española nos da una: ya hay multas por añadir sin permiso a gente a grupos de WhatsApp. Yo espero que esto siga así y, si el grupo se llama «Antiguos alumnos» o «Grupo de padres del cole», que haya cadena perpetua.

Todo esto es cosa de la Agencia de Protección de Datos. La primera multa ha sido en un pueblo de Valladolid. El Ayuntamiento metió a todo el pueblo en un grupo. ¡A todo el pueblo! Allí, el secretario del Ayuntamiento diría: «¿Qué hacemos, señor alcalde? ¿No habría que comunicarlo primero?». Y el alcalde: «¡Venga, hombre, venga, que esto es gratis! ¡Esto es gratis! No gasta nada la alcaldía. Metemos a todo el pueblo y punto». Para que lo entienda Mariano: es el alcalde el que quiere que estén en el grupo los vecinos del alcalde, y son los vecinos los que denuncian al grupo del alcalde. En suyo beneficio político.

A los que tenían que multar es a esos que están ahí «*escribiendo*», «*escribiendo*», «*escribiendo*»... Es que no puedo con eso. Llámame ansioso (que lo soy), pero tú mandas un mensaje y primero no te contestan y te dices «pero ¿dónde andará? ¡¿DÓNDE ANDARÁ?!». Como si las personas no tuvieran vida y estuvieran todas pendientes de ti. Pero entonces se ponen a contestar y ves: «*escribiendo*», «*escribiendo*», «*escribiendo*»... y te preguntas «pero ¿qué escribirá?». Y entonces aparece el mensaje y pone: «Hola». ¿Para eso tanto rato *escribiendo*?

De todas formas, si quieres que te metan en la cárcel, no hace falta que metas a nadie en un grupo de WhatsApp, es más rápido que opines libremente en Twitter.

Espero que os guste el programa de hoy.

¡Bienvenidos a *Late Motiv*!

THE BIG VAL THEORY

Lunes, 8 de enero de 2018

Buenas noches.

¿Cómo han ido las fiestas? Yo creo que no se me nota, pero soy como un concejal de Urbanismo, he cogido algún kilillo de más. No sé vosotros, pero yo sigo comiendo sobras de Nochebuena. De 2008. De antes de la crisis. ¡Madre mía, qué cenas!

Es que en Navidad está todo pensado para que engordes. El pavo, por ejemplo, que no engorda. Pues lo rellenamos. Y en solidaridad con él, tú te rellenas también. Es difícil comer sano en Navidad. Tú quieres comer fruta, pero le ponen debajo un roscón de nata y te la escarchan. Que os preguntaréis: ¿cómo se escarcha la fruta? Pues dejándola un rato en la autopista AP-6.

En Navidades te engorda hasta el intestino delgado... Y claro, luego tienes el tránsito intestinal como la cola del Primark. A ver si inventan ya de una vez el turrón de Almax. Bueno, seguro que lo han inventado ya, pero no les conviene sacarlo. Estarán allí en Xixona «¡Jojojo, jojojo!». *[Andreu hace como que bate en una olla muy grande]*. «¡Tira Almax, tira Almax! ¡Pero no lo saquemos, que se nos va el chiringuito a la mierda! ¡Más almendra!».

Pero así son las Navidades, como manda la tradición católica: gastar mucho y comer hasta reventar, si puede ser. Es lo que el niño Jesús quería. No lo pone en la Biblia, pero el niño tenía buen saque, por eso siempre aparece rollizo en el pesebre. Tú no verás un niño *escuchimirrizao*. ¡Está gordete, gordete! En el pesebre, si os fijáis, sale mirando fijamente al buey... le está midiendo los chuletones.

Bueno, ha pasado de todo estas vacaciones. El mensaje del Rey de Nochebuena... ¿Lo visteis? Fue brutal, inesperado; con deciros que al final era Chiquetete... Estuvo muy bien, sí, sí, esa noche no había bebido.

Ahora en serio, ¿qué tal la vuelta de las vacaciones? ¿Bien o atrapados en el coche? Sabéis que ha habido un temporal de nieve. *[Con voz de Rajoy].* «Esa cosa blanca que cae del cielo sin que nadie sepa muy bien por qué». Está España como les gusta a los Borbones: para entrar a esquiar.

Mira, hoy tenemos entre el público a un señor que ha venido por la AP-6 *[se oye un sonido de ventisca y entre el público aparece un hombre congelado]*: ¿qué tal está usted? ¡Bienvenido! Espero que se mejore. También es culpa suya, claro, porque no vio lo que anunciaban. No es culpa de la DGT ni nada, son ustedes, que son unos inconscientes, ¡a quién se le ocurre, hombre! Si se anima, piense que las pensiones están más congeladas que usted. Es decir, usted, respecto a sus pensiones, está caliente en este momento.

Nadie se esperaba que nevara tanto, claro. En pleno enero... A Rajoy se lo han dicho esta mañana y se ha quedado *tó* Frozen. «Presidente, que ha nevado mucho». *[Comienza a sonar la banda sonora de Frozen y Andreu se pone a cantar].*

«Déjalooo, déjalooo, no lo quiero ni escuchar.
Déjalooo, déjaloooo, lo que yo quiero es caminar».

[Andreu camina como Rajoy]. Esto es del musical de *Frozen* de Leticia Sabater. «Fronze». Ahora que lo pienso, lo mismo Rajoy camina raro porque él anda, pero en su cabeza está patinando.

Que nada, que en la AP-6 la gente se ha quedado atrapada dentro del coche por la nevada. Justo lo que apetece después de Navidad. Encerrado con la familia en el coche dieciocho horas. Ojo, que ha habido dramas. Un coche se ha quedado atascado justo en el peaje y se ha pasado las dieciocho horas pagando. Al final ha acabado hablando catalán, ¡solo te digo eso! Menos mal que era catalán y estaba acostumbrado. Con lo que ha pagado, vive allí; se ha instalado y ahora es su casa. Está con un rifle: «¡Salgan de mis tierras, hijos de puta! ¡Este peaje es mío!».

La DGT, que es una gran organización, ha culpado a los conductores por no llevar cadenas. Tienes que llevar siempre cadenas. Aunque vivas en Benidorm. Que te va a pillar el cambio climático. Solo se ha salvado un coche que llevaba al Cigala en BlaBlaCar. Porque el Cigala sin cadenas no es nadie. Es como el negro del *Equipo A*. Y el coche con las cadenas del Cigala, cadenas de oro... No, era broma, esto no ha pasado.

Bueno, que, con tanta nieve, esto se parece cada vez más a Suiza. Ojo, que no sea un plan del gobierno para hacer paraíso fiscal a Segovia.

Y la noticia del día, sin duda, es que nos ha salido competencia: Juan Carlos Monedero ha empezado hoy a presentar un *late night*. Cuidadito, Juan Carlos. Si tú presentas un *late*, yo puedo meterme en política. Sí, es una amenaza. No para ti, para España. Para Monedero no es tan raro que un político haga televisión. Él se ha visto todas las temporadas de *Aló, presidente*. Es un *Madurolliever*. El programa es diario, se ha estrenado en Público TV y se llama *En la frontera*. ¿Otra frontera, Monedero? Tú has estado hablando con Puigdemont. Mucha suerte, Juan Carlos. Ahora, una cosa te digo: los chistes de Errejón serán siempre nuestros. Ahí no entramos a negociar, eh.

Y seguimos con Podemos, porque parece ser que la formación morada, que en Navidades ya es ultravioleta, baraja cambiarse el nombre. Han dicho «¿por qué? Porque podemos». Pablo Iglesias era más de «porque yo lo valgo».

Después de darle vueltas y vueltas, han llegado a la conclusión de que lo que les falla es el nombre. Han hecho una encuesta en Forocoches y se ve que ese es su fallo. Es que el nombre engaña, siempre engañó. Si fueran españoles de verdad, no sería Podemos. Sería «Hacemos lo que podemos». O «Pudimos» o «Uyyyy, casi».

Desde aquí les lanzamos algunas propuestas: Partido Coletista. O el ENTA (Errejón No Te *Ajunto*). Aunque si lo que quieren de verdad es que los voten, yo creo que deberían llamarse «Amaia de *OT*». O PP. Así la gente los votará hagan lo que hagan.

¡Bienvenidos a *Late Motiv*!

BLUE MONDAY

Lunes, 15 de enero de 2018

Buenas noches.

[Andreu aparece con un abrigo y una gorra azul]. Del ocho no quedan tuercas, tengo que pedirlas al almacén... Es broma. *[Andreu se da la vuelta y señala el nombre de Sergio Ramos detrás del abrigo]*.

Es que está de moda el *look* dependiente de Sergio Ramos y quería hacerle un homenaje. ¿Lo habéis visto? Es maravilloso. *[Enseña una foto de Sergio Ramos con una chaqueta larga y una gorra azul]*. Incluso a Ágatha Ruiz de la Prada le ha parecido atrevido. Lo vio y dijo:

—Oohh, ¿cómo se atreve a salir así?

—¿Y tú, Ágata?

—No, lo mío es diferente, soy profesional.

Claro, es normal. Si eres del Madrid, *look* dependiente; si fuera del Barcelona, sería más independiente. Además, vengo así porque hoy es *Blue Monday*. Al final resultará que Sergio Ramos es un avanzado a su tiempo. *[Andreu se quita el abrigo y la gorra y le pasan su americana]*.

Según los científicos, hoy es el día más triste del año. Un día normal, según Melania Trump. Han calculado que hoy es el día que han acabado las vacaciones, hace frío, mucho frío, es lunes, mucho lunes, hay cuesta de enero, pero cuesta que te cagas de lo que cuesta... solo te falta ser autónomo. Todo mal.

Muchos dicen que esto es una chorrada, pero yo creo que hay motivos importantes para el *Blue Monday*, un lunes muy triste. Hoy es el primer lunes sin la revista *Interviú* después de muchos años; el quiosco está allí, desolado y, además, en las encuestas ha subido Ciudadanos. ¿Quieres más motivos?

Para mí que este día es un invento para aumentar las ventas en la industria de la consolación. A lo mejor no es el mejor término, pero sabéis a lo que me refiero: hoy venden un montón de cosas para sentirse mejor sin salir de casa.

Por ejemplo, y esto es verdad: Suchard ha sacado un chocolate nuevo. Han cogido el papel del turrón de chocolate y han tachado lo de Turrón. Como CIU, que ahora se llama PdeCat, pero el cacao es el mismo. Marrón puro.

Aunque podíamos estar peor, podríamos vivir en Hawái, aparentemente un lugar idílico, pero no. Este viernes fue *Blue Monday* en Hawái, les llegó a toda la población un SMS alertando de ataque con misiles: «No salga usted de casa, que están atacando con misiles». Pues vaya manera de empezar el fin de semana, ¿sabes? Y luego resulta que era una falsa alarma. No ha dimitido el responsable porque era español, claro.

Os digo una cosa: ni Hawái ni Bombay ya son dos paraísos. O sea, no te los montes tú en tu piso. Por lo menos tienen sistema anticatástrofes. Aquí solo tenemos a Piqueras. ¡Qué costaba que te llegara un SMS avisando de catástrofes! *[En ese momento, a Andreu le llega un mensaje a su móvil]*: «Alerta azul: Froilán ha salido de fiesta».

Y si lo nuestro ha sido *Blue Monday*, lo de la Justicia española sería más bien un *Black Friday*: en estas veinticuatro horas ha habido más juicios que en una gala de los Goya con tuiteros.

Por un lado, el caso Palau en Cataluña: han condenado a Convergencia a pagar 6,6 millones de euros, y a Millet y Montull, dos prendas también, a más de siete años de prisión.

Ojo, que estos dos señores ya están mayores, y estar en la cárcel a los ochenta no tiene que ser fácil. En vez de una lima dentro de un bocata, van a pedir que les pasen Kukident para masticar el bocata.

Por otro lado, en el caso de los ERE andaluces, hoy se han escuchado las alegaciones y ahora se toman un descanso de tres semanas. Porque, total, solo llevan siete años con este caso, ¿qué prisa hay?

Y por último, ha comenzado el juicio de la rama valenciana de Gürtel. Nunca olvidaré estas palabras de Ricardo Costa, el que fuera Secretario General del PP valenciano *[Andreu enseña un vídeo con unas declaraciones de Ricardo Costa en las que dice: «En el PP, la fiesta no se acaba nunca», rematado con el Hu-Há de Chimo Bayo).*

¡Fantástico! Ricardo Costa ya no está en la política, una pena. Siempre se van los mejores. Ricardo tiene toda la razón... siempre que cambies «fiesta» por «corrupción». En este caso, hay tantos acusados que IKEA ha sacado un banquillo plegable que se llama Gürtelar. Lo difícil es desmontarlo.

Y otra noticia de *Blue Monday*. A partir de hoy, Ryanair, esa compañía que todos amamos, cobrará por llevar en cabina un segundo bulto. Nacho Vidal, a partir de ahora, solo viajará en tren. El caso es que la compañía no dispone del espacio suficiente en sus aviones. Quién lo iba decir, ¿verdad? Así que están intentando deshacerse de cosas que puedan estorbar durante el vuelo, como por ejemplo, clientes. Pero no todo está perdido: por el módico precio de cinco euros, ya puedes convertirte en pasajero de embarque prioritario y subir dos bultos al avión. Y por dos euros más, seguro que te dejan pilotarlo.

Pero para suavizar el *Blue Monday*, hemos sabido que el presidente de Francia, Emmanuel Macron, escribió en su adolescencia una novela erótica protagonizada por su actual esposa. Qué bonito tener fantasías eróticas con tu propia esposa. Todo queda en casa. En algunas librerías se vende en el estante de ciencia ficción. Emmanuel Macron, por si no lo sabéis, está casado con una mujer veinticuatro años mayor que él y que en su día era su profesora de Teatro y... de Francés.

Ojalá todos los presidentes escribieran novela erótica. Irían más relajados al trabajo y saldría ganando la población. Kim Jong-un ya no pensaría en misiles. Bueno, sí. Y Trump... Bueno, a Trump el erotismo le interesa, pero escribir no sabemos si sabe.

¿Y qué novela erótica escribiría Mariano Rajoy? Se está barajando *Cincuenta sombras de Brey*. O, si no, hemos recreado la portada de otra posible opción. *[Andreu enseña la imagen de un libro con el título* Las catalanas hacen cosas*]*.

¡Bienvenidos a *Late Motiv*!

VESPINO

Miércoles, 24 de enero de 2018

[Andreu entra en plató montado en un Vespino].

Buenas noches.

Llegaba tarde y vengo directamente de la M-30. No, es broma. Todo esto tiene una explicación. Tanto el Vespino como yo... cumplimos años. Yo hoy cumplo cincuenta y tres y en estas fechas el Vespino cumple cincuenta. ¡Un aplauso para nosotros dos, por favor! Estamos ahí. Y además tenemos mucho en común. Eso sí, yo gasto más. El Vespino me recuerda a mi juventud... porque estas motos eran muy duras y, como yo, pinchaban muy poco.

Para los *millennials*, el Vespino fue la primera moto con anorexia, porque no tenía fuerza para subir cuestas. Pero con esta moto tu padre molaba. *[Al público].* ¿Alguien de aquí tuvo un padre con esta moto? ¿Alguien tuvo padre? Bueno, es igual, a lo mejor habéis venido de un orfanato. Es muy difícil molar dando pedales, y tu padre molaba. Para arrancarla necesitabas ser monitor de *spinning*, o jugar al futbol, porque se te ponían unas piernas como a Roberto Carlos.

Es como si ahora fueses de *fucker* montando en el BiciMad. Si tenías un Vespino, eras de los que molaban. Ahora eres de los de Deliveroo, o un afilador.

Casi todo el mundo tiene un Vespino cubierto de polvo en el garaje del pueblo, ¿no? Y una quemadura del tubo de escape. Es la marca de los ochenta, me recuerda a mi juventud. Los que nos quemamos con un Vespino nos saludamos así: *[se toca la espinilla con dolor]* «¡AYYY!».

Gracias, Vespino.

Hoy también es el patrón de los periodistas, San Francisco de Sales, un tío que siempre estaba saliendo. Pensabais que era San Iñaki Gabilondo, pero no. San Francisco de Sales es patrón de los periodistas porque murió de becario. El primer becario. Ojo, que es una profesión apasionante. Yo iba para periodista deportivo. Y al final, ni una cosa ni la otra. En fin, felicidades a todos los periodistas, y también a Paco Marhuenda.

Y hablando de periodistas que sufren, Mariano Rajoy ha vuelto a ser entrevistado en Onda Cero. Carlos Alsina, el presentador, lo ha vuelto a entrevistar y después ha pedido el traslado a Bagdad para vivir más tranquilo. Mariano lo ha vuelto a hacer. Ha dejado varias *perlacas* guapas en menos de una hora. Es un *crack*. Es como Messi, pero Rajoy no defrauda nunca.

El primer lapsus de Rajoy ha sido este a la hora de referirse a Cataluña: *[Se oye un corte de voz en el que Rajoy dice «en las últimas elecciones en la República de Cataluña, el resultado entre los partidos...»].*

¡La República de Cataluña! Claro que sí. Queda confirmado oficialmente que Mariano es... ¡el mejor en lo suyo!

Alsina también le ha preguntado por la brecha salarial entre hombres y mujeres y ha dicho «no voy a entrar en ese tema». Como si fuera el cobrador del gas. Es usted el Presidente, ¿cómo no va a entrar? ¿Quién va a entrar, si no entra usted? Se ve que, en el tema de hombres y mujeres, él va con viceversa.

No era buen día para el PP, porque el exsecretario general del PP valenciano, otro *crack* y también el mejor en lo suyo en su zona, Ricardo Costa —«sobrecosta» lo llamaremos a partir de ahora—, ha reconocido que el PP se financiaba con dinero negro. ¡Sorpresa! Al juez se le ha puesto la peluca para arriba.

Cuando han preguntado a Rajoy, ha dicho: «No sé nada de eso de lo que usted me habla». Le ha faltado decir: «Esos temas los lleva *Emepunto*».

Pero lo mejor es que, amigos, Mariano ha dicho que se presenta de nuevo como candidato de su partido, ¡es incansable! A mí me llena de tranquilidad. Como humorista, tengo trabajo seguro para cuatro años más. ¡Gracias, Mariano, de verdad, gracias! *[El público aplaude].* Sí, adelante, aplaudan. Entiendo que es un aplauso al mundo de la comedia.

Por cierto, ¿sabéis esa comparativa que hacen los americanos con fotos de todos los presidentes antes y después del mandato para ver cómo han cambiado? Lo llaman el peso del poder, el desgaste del poder. De todos los presidentes menos de Kennedy, que igual tampoco hacía falta.

Por ejemplo, vamos a ver la de Obama *[enseña la foto de «antes y después»]*: entró muy lozano, muy contento y salió también contento, pero ya con el pelo cano porque habían pasado algunos años.

Vamos a ver la de Rajoy después de cinco años. Son fotos reales, mirad *[enseña el «antes y después» de Rajoy, y en las dos fotos está igual]*: para mí que está más joven. ¡Incluso mejor! Como gobierne cuatro años más, este hombre hace la Primera Comunión. Va para atrás en el tiempo. Como su programa político, más o menos.

Y tengo que daros otra noticia sobre corrupción. Ya sé que os gustan. El Ayuntamiento de Navalcarnero se ha visto obligado a devolver un cargamento de... ¡toallitas de baño e insecticidas valorado en más de cien mil euros! Se ve que el anterior alcalde hizo el pedido por teléfono y sin contrato, y después no lo pagó. Yo creo que ese hombre se lio, esto ya no es corrupción, es ser tonto. Estamos ante otro caso clarísimo de... «Marca España» *[en pantalla aparece el sello de Marca España]*.

¿Cómo hace ese tío esa llamada? «Hola, soy el alcalde y quiero dos mil toallitas, no preguntes por qué. Y tres mil litros de insecticida. A nombre del Joker».

Ese exalcalde será corrupto, pero es coherente: se llama Baltasar, trabajó en negro y dejó una buena *mirra*. Eso es coherencia.

Pero no os preocupéis, porque a lo mejor todo esto que estamos contando es una chorrada y nos vamos todos al garete. Id llamando a casa si queréis: la comunidad científica dice que un asteroide del tamaño de un rascacielos pasará *muy* cerca de la Tierra. Es lo que se llama arrimar la cebolleta nivel cósmico.

Bueno, lo de *muy cerca* es relativo. Pasará a 4,2 millones de kilómetros. Para que os hagáis una idea, en campos de futbol, son... *[intenta contar con los dedos]* muchos.

Es que los científicos a veces no calculan bien. Bueno, en España sí. El gobierno los entrena cada mes dándoles un sueldo de seiscientos euros y, si quieren llegar a fin de mes, tienen que hacer muchos cálculos.

Imagínate que cae un meteorito, se acaba el mundo y nos pilla en bragas. La gente corriendo por las calles: «¡¿Cómo acaba *Juego de Tronos*?!». Eso sería lo que más nos preocupa: «¡Necesito saberlo! Ya se ha rodado, ¡por favor!».

¿Y Rajoy qué haría? Solucionarlo a su manera. *[Imitando a Rajoy]*. «Si no hago nada, igual el problema se arregla solo. A mí siempre me funciona». Y al final...

[Se oye un sonido de explosión].

Mientras eso no pase, disfrutemos de *Late Motiv*. Y si pueden, hagan el amor, pero ahí ya no me meto, que cada uno en su casa se sabe lo suyo.

¡Bienvenidos!

FACHEBOOK

Jueves, 25 de enero de 2018

Buenas noches.

Antes que nada, me gustaría felicitar a los aficionados de fútbol de la ciudad de Madrid. A los de Leganés, concretamente. Y expreso también mis condolencias a los hinchas del Real Madrid. Absolutamente sinceras, ya me conocéis.

No sabéis lo difícil que es, como culé, decir esto y aguantarte la sonrisa, ¿sabes? Porque es irrespetuosa y te puede pasar a ti. Tengo el labio más tenso que Aznar.

Tengo una noticia buena y una mala.

La buena es que una mujer ha sido elegida para representar a España como jueza en el Tribunal Europeo de los Derechos Humanos. Eso está bien.

La mala es que esa misma señora dice que la homosexualidad produce patologías. O sea, que representa a España en el Tribunal y a Putin en sus ratos libres.

Lo que no ha dicho es que algunos heterosexuales, a lo mejor como ella, no lo sé, no la conozco, no tengo ese honor, también desarrollan patologías, como la homofobia, la intolerancia y el síndrome de la mente que huele a cerrado. ¿Sabes, como a rancio? Es así la muchacha. Es tan intolerante que la lactosa la rechaza a ella.

Ayer nos enteramos de que, de los tres candidatos para ir a Europa, el primero fue rechazado por no saber idiomas y el segundo es alguien intolerante y retrógrado. ¿Quién era el otro candidato? ¿Rajoy?

Últimamente parece que a los representantes públicos los buscan en las redes sociales. Concretamente en dos: Fachebook y Delinquedin. Que son dos nuevas que os recomiendo.

Pero hoy hemos sabido también que la Comunidad de Madrid dispone que un tercio del presupuesto dedicado a medio ambiente del gobierno de Cifuentes irá destinado a... asociaciones de cazadores. Bravo. Esto es... *[Aparece en pantalla el sello de «Marca España»].* Ojo, que es una ideaca: si matas animales, ya no hay que preocuparse por ellos. Es una nueva política ambiental pionera. Ojo que, como la pille Trump, nos la copia, construye un muro en los cotos de caza y hace que lo pague la madre de Bambi.

¿Y cuánta pasta les van a dar? En total les van a dar ciento sesenta y tres mil eurazos. ¿Qué van a disparar? ¿Cartuchos de impresora?

Yo no digo nada de cómo gestionan las cosas, pero antes de que llegara Cifuentes, Medio Ambiente se llamaba «Ambiente», que generó alguna que otra confusión, gente que iba a pedir subvenciones, pero para otras cosas. Como sigan así, el año que viene se llamará «Cuarto y mitad de Ambiente».

Una homófoba en el Tribunal de Derechos Humanos y cazadores gestionando el medio ambiente. ¿Qué será lo próximo? ¿Un exministro de Hacienda acusado de robar? *[Pensativo]*. Es para pensárselo... *[pone voz de Matías Prats]*... un Rato.

Y vamos a hablar del papa, que siempre mola un poquito. Jorge Bergoglio, el papa Francisco para los seguidores de Cristo, *Papa Paquillo* para los seguidores de Chiquito, ha dicho que lo de la serpiente y Eva en el Paraíso fue el primer ejemplo de *fake news*. ¡Fíjate el papa cómo está! Eso es porque todavía no existía *La Razón*.

Cómo ha cambiado la historia desde la Biblia. Para *millennials*: lo de Eva en el paraíso es una historia de la Biblia en la que Satán se transformó en serpiente y la convenció para comer fruta. ¡Fíjate tú cómo han cambiado las cosas! Antes, comerse una manzana era pecado mortal. Ahora es comer hidratos en la cena. Eso es así. En serio, ¡cómo es la gente!

—Voy a comer un plato de pasta.

—¿Pasta por la noche? ¡Vas a morir!

—Hostia, me voy a morir si no como, tío, pero...

—¡No comas eso!

Y por eso, desde entonces, la gente odia a los veganos. Bueno, y porque son muy pesados también.

Bueno, que el papa ha comparado la tentación de Eva con la manzana con las consecuencias de las *fake news*. Llámame loco, pero a mí ya me parece *fake news* que una serpiente hable. Vale, hago un esfuerzo y me lo creo. Lo que me cuesta creer es que tentase a Eva con fruta, habiendo jamón. Porque en el paraíso había de todo... Lo mismo, para convencerla, en vez de la manzana, le sacó un zumo y le dijo: «¡Corre, Eva, bébetelo rápido, que se le van las vitaminas!».

Es curioso cómo, cuando una historia tiene una explicación rara, al final la culpa la tiene un animal. ¿Te has fijado? Porque en la Biblia dice «¡Hemos pecado!». ¿La culpa? De la serpiente. «¡Estoy embarazada!». ¿De quién es la culpa? De una paloma. «¡Hay un sobre de dinero en mi mesa!». ¿De quién es la culpa? De un charrán. *[La gente del público se ríe, pero muy tímidamente]*. Ya sabía yo que este chiste no funcionaría. Charrán es la mascota del PP. *[La gente del público dice «aaah» y aplauden]*. Bueno, más que mascota, es el logo. Tú no vas a la sede del PP y están con los charranes por allí. «¿Vamos a la reunión?». «No que tengo que sacar al charrán».

Bueno, voy a hablaros de Cataluña un poquito. La Policía y la Guardia Civil siguen vigilando muy atentamente para que Puigdemont no pueda cruzar la frontera por una hipotética investidura. Están ahí, vigilando, ¿sabes? Como en las películas, ponen el coche ahí cerca, con donuts y unas bolsas y café con leche. Y están todo el rato ahí. Y espero que pase como en las películas, que, a la que se gira el policía, pasa el otro. «¡No te has dado cuenta! *¡Mecagoenlaputa!*».

En Cataluña, somos la primera comunidad autónoma con segurata en la puerta. Esto es así, es como si fuera una discoteca. *[Andreu hace de segurata]*. Hay un tío en la puerta muy fuerte y «¡Pssst! Melenas, aquí no se puede gobernar con calzado deportivo. Venga, fuera, y menos con calcetines blancos».

Mirad hasta qué punto están siendo exhaustivos que han inspeccionado (y esto es verdad) ¡las alcantarillas de debajo del Parlamento catalán! Que yo lo veo un poco peliculero, francamente. Han pensado: «Puigdemont está con la mierda hasta el cuello, pues tiene que estar ahí». Que la historia del *procés* se está convirtiendo en un sainete, pero tanto como para que entren todos los *consellers* por las alcantarillas, no sé... En fin... Y no es broma, ¿eh? Tenemos la foto. *[Aparece una foto de la Policía inspeccionando las alcantarillas]*.

Aquí está una foto que lo testifica, esto es muy cerca del Parlament. Aquí están, las famosas cloacas del Estado. Que tú nunca sabías dónde estaban. Pues están ahí también, ¡y se conectan todas!

Que tú dices: ¿cómo sabes si un catalán está en una alcantarilla? Te asomas, quitas la tapa y gritas: *«¡Toooooot el camp!»*. Y si oyes tres palmadas *[Andreu da tres palmas]*, hay un catalán escondido.

En fin, la única explicación a esto de mirar en las alcantarillas es que el gobierno español tenga una imagen distorsionada de Puigdemont. Que puede ser. Yo creo que concretamente lo ven así *[aparece un dibujo de las Tortugas Ninja y una de ellas tiene la cara de Puigdemont y lleva una cinta amarilla]*. Tengo la sensación de que lo ven así, ¡la quinta tortuga!

¡Bienvenidos a *Late Motiv*!

YO SOY TU *MUYAYO*

Martes, 6 de febrero de 2018

Buenas noches.

Hoy nos hemos levantado con dos noticias de impacto, de las que hacen salivar a Piqueras. La primera es que, según el Instituto Geográfico Nacional, ha habido un terremoto en el Valle de los Caídos. Ojo, pequeño. De dos grados de intensidad en la escala de Hitler. Mucha gente de la zona estaba en la cama, ha notado una vibración y ha pensado «joder, vaya wasap largo me acaba de entrar». En el PP, algunos se han despertado y han llamado a Moncloa corriendo: «El Valle ha temblado. ¿Vosotros habéis tocado algo de la Constitución?».

Hay dos teorías al respecto: una, que se trata de un movimiento inusual de las placas tectónicas al chocar con la placa continental euroasiática; y otra, que Franco no quería perderse la final de *OT*. Que la tierra tiemble justo allí no deja de ser anecdótico, si no fuera porque la otra noticia es que esta semana lo está petando en Spotify un *remix* tecno del *Cara al sol*. ¿Coincidencia? No lo creo. Una cosa, para los *millennials*: *Cara al sol* no es la sintonía de Solmanía.

Nosotros hemos juntado el *remix* este del *Cara al sol* tecno con los movimientos sísmicos en el Valle de los Caídos. Ojo con este vídeo, no lo intentéis hacer en vuestras casas porque es el final de la transición. *[Andreu enseña el videoclip de* Thriller *de Michael Jackson con los zombis bailando el* remix *de* Cara al Sol*]*.

Seguimos con terremotos. Ayer, la Bolsa de Nueva York cayó tanto que Wall Street ya no está en Nueva York, sino en Santo Domingo.

Han tenido que cambiar la estatua del toro por un tucán de bronce. Se ve que ayer el Dow Jones perdió más puntos que España en Eurovisión. Y hoy ha tenido pérdidas la bolsa española, el Ibex. Aquí siempre vamos tarde. Somos impuntuales hasta para perder dinero. ¿No podemos perder como todo el mundo?

No quiero acojonar, pero esto me ha recordado a las noticias de hace diez años. Igual empieza un *revival* de la crisis. Primero volvieron los ochenta, luego los noventa y ahora vuelven los dos mil. Hostia, qué mal rollo, ¿no? Van a salir libros de nostalgia rollo *Yo fui a E.G.B.*, pero de los dos mil: *Yo fui al INEM*. No tiene gracia esto. Es que es muy triste.

Quizás vuelve también la moda de la época: en la pasarela Cibeles ya se ve gente con los pantalones de Julián Muñoz, el pelo de María Teresa Fernández de la Vega y el bigote de Carod Rovira. Qué tiempos aquellos, hace diez años... ¿Os acordáis? Cuando decían que había brotes verdes, como si España fuera una ensalada de rúcula. Yo la llamo «la etapa Masterchef de la economía».

Y hace diez años, el rey Juan Carlos le dijo a Hugo Chávez aquello de «¿Por qué no te callas?». Uno de los dos ya ha pasado a mejor vida, y el otro... falleció.

Y decían que estábamos a punto de salir de la crisis porque los empresarios ganaban dinero, pero aún había mucho paro... no como ahora, ¿eh? ¡No ha cambiado nada!

Yo creo que la crisis va a ser para nosotros como la guerra para nuestros abuelos, aunque las batallitas van a lucir menos *[imitando a un abuelo]*: «¡Yo a tu edad ya ni trabajaba ni estudiaba!», «¡Una Expo del Agua de Zaragoza tendrías que pasar!».

Al que no le afecta la crisis es a CR7. Ayer fue el cumple de Cristiano Ronaldo. Treinta y tres. Diría lo de la edad del Mesías, pero Messi solo tiene treinta.

Y como autorregalo —porque eso es lo que tiene ser megamillonario, te tienes que regalar tú las cosas; si no, la gente no llega a tu nivel—, CR7 va a construirse un hotel de lujo y un ático para él en plena Gran Vía. Esto es verdad. Va a ser el primer hotel del mundo que, en vez de cinco estrellas, va a tener seis abdominales. Además, coincide con que su ático fue el despacho de Ortega y Gasset. Con ese nombre, Cristiano debe de pensar que le está comprando el piso a un árbitro. Que alguien se lo cuente, por favor.

Ojo, que va a ser un hotel de lujo con vistas al Primark *[hace como que mira por la ventana desde una de las habitaciones]*: «¡Mira, mira, pobres! ¡Que sois unos pobres!». El destino tiene caprichos también, y el hotel estará situado justo encima de donde se encuentra ahora La Casa del Libro. Bien pensado, por si le da por leer, que no le pille lejos, antes de que se le pasen las ganas.

Eso sí, el hotel estará puerta con puerta con la tienda del Real Madrid o, como él lo llama, «mi vestidor». Puede bajar en bata a la calle, meterse y, hala, a currar.

Roncero está durmiendo en la puerta para pillar habitación. Pero se ve que hasta el año que viene no podrás llamar al hotel CR7 y preguntar «¿hay habitaciones?». Y te dirán: «¡Suuuu!». «Somos un matrimonio con un niño». «No hay problema, le sacamos la cama de Messi».

De todas formas, vaya ojo tiene CR7, ¿eh? Se muda cerca de la Cibeles justo cuando no hay nada que celebrar.

Y en Tenerife me ha encantado lo que ha pasado. El presidente del Cabildo, Carlos Alonso, un tío sensato, un tío que sabe cómo hay que hacer las cosas, ha propuesto nombrar presidenta honorífica a la Virgen de la Candelaria, por lo que sea. Se ve que hay una partida de papas arrugadas caducadas.

Los canarios, que son gente con mucho sentido del humor, han reaccionado con una contrapropuesta: dicen que ellos preferirían, ya puestos a buscarla, que la presidenta honorífica sea, ojo, la Princesa Leia. Sí, señor. Esto se está debatiendo en Canarias.

¿Con cuál te quedas? Con una princesa guerrera, icono feminista, o con una madre que puede pillarse la baja por maternidad a la que empieza la temporada de palomos. ¿Tú qué haces? No quieras estar en la situación de los canarios.

Que, por cierto, estaría bien un *Star Wars* canario, ¿no? Empezaría así *[de repente, aparecen en pantalla las míticas letras del inicio de* Star Wars *y Andreu las va leyendo]*: «En una galaxia muy lejana, hace mucho mucho tiempo, pero una hora menos en Canarias... Han Solo viaja en la Guagua Milenaria al planeta de los Ewoks, el Loro Park. Lo acompaña R2D2 haciendo el silbo gomero. Y Darth Vader está a punto de decir... "Luke, yo soy tu *muyayo*"». *[Andreu se saca un plátano del bolsillo, a la vez que se oye el sonido de encendido de una espada láser]*.

Mola, ¿no? Lo que tengo clarísimo es que a Chewbacca lo interpretaría Ignatius.

¡Que el mojo picón os acompañe!

¡Bienvenidos a *Late Motiv*!

LAS TRES CAÍDAS

Miércoles, 14 de febrero de 2018

Buenas noches.

¡Bienvenidos a la casa del señor Movistar!

Por fin ha llegado. Hoy es ese día en el que afloran las emociones y no puedes evitar expresar todo lo que sientes, incluso gritarlo, si hace falta... Efectivamente, amigos, hoy hay Champions. Bueno, y también es San Valentín.

San Valentín, la antesala de San Tinder. También hay que decir que, para ser el representante del ligoteo, San Valentín no es nombre muy de *fucker*, ¿no? Molaría más San George Clooney; o San Rocco, que murió empotrado...

Yo propongo uno que creo que funcionaría muy bien, ahí lo dejo: San Valentín Osborne. *[Enseña una foto de Bertín Osborne transformado en San Valentín Osborne, mientras suena el tema* Amor mediterráneo*]*. Míralo, qué tío. Fantástico. Me encanta esa pose, porque está como diciendo: «Todo lo que veis es vuestro, amigos, es de España, de la cultura española». Y, claro, hoy también han salido estudios sobre las parejas. Y se ve que uno de cada tres usuarios de internet admite que en ocasiones espía el móvil de su pareja; eso no está bien, salvo que quieras tanto a tu pareja que lo mires con la esperanza de que haya conocido a alguien mejor que tú. Me parece que no cuela.

Según el estudio del prestigioso diario digital cuernoscomofarolas.com, si la pareja no está consolidada, el porcentaje de cotillas sube hasta el cincuenta por ciento. ¿Tú le miras el móvil? ¿No? Pues ya sabes lo que hace el otro cincuenta por ciento de la pareja.

Hay cosas que no se deben mirar. Ni el móvil, ni el historial de navegación, que eso lo carga el diablo. Porque luego empiezan las preguntas:

—¿Quién es esa Irene?

—La de la web de Renfe... le compré un billete de AVE de veinticinco euros...

—¡Eso no existe!

Y ahí te tienes que callar.

Bueno, os deseo lo mejor a los que estéis enamorados y a los que estáis en pareja, y, sobre todo, que os coincidan las dos cosas.

Vamos a otra cosa. A ver si sois capaces de no reíros con la siguiente noticia: el PP ha pedido la dimisión de Albert Rivera por... irregularidades en la contabilidad de Ciudadanos. *[Andreu hace una pausa y se oye el tic tac de las manecillas de un reloj]*. Habéis oído bien. El PP. A Rivera. Por irregularidades en la contabilidad. Es como si Cristiano Ronaldo te pide un poco de humildad, o como si Pérez Reverte te llama *cuñao*. ¡Te explota la cabeza!

A ver, que si con la dimisión de Rivera prometen que luego van detrás todos los imputados del Partido Popular, yo me apunto. Pero es que en el PP no dimite ni el coreógrafo de Rajoy. *[Suena el tema* Mi gran noche *y Andreu hace unos pasos de baile de Rajoy]*. En fin, que después de escuchar esta noticia, en este programa hemos pensado que el PP debería cambiar muchas cosas. Para actualizarse un poquito. Su logo, por ejemplo, creemos que debería ser así *[mientras se sigue oyendo de fondo* Mi gran noche, *muestra el logo del PP con el charrán, que lleva dos huevos gigantes]*. Nuevo logo y nuevo lema: «Cuando la gaviota vuela bajo, ten *cuidao* con los huevazos».

Y hablando de dinero que se pierde, el fundador multimillonario de Ikea ha dejado su herencia a una fundación benéfica, en vez de a sus hijos. Para los hijos, es lo más cruel que ha hecho este señor, y eso que de joven fue nazi.

A partir de ahora, las siglas de IKEA serán recordadas como: «¿I-ke-hay de herencia?». «Pues una puta mierda». Aunque los hijos deberían haber sospechado: un tío que hace los lápices de dos centímetros tiene que ser tacaño por cojones.

Yo creo que el testamento del fundador de Ikea era un folleto con un dibujo del muñequito ese, así *[Andreu hace la peineta]*: ¿nombre del mueble? Osjödeis.

También me imagino que en casa de los Ikeas el ambiente familiar no debía de ser bueno. Uno decía: «Acércame la sal». Y el otro: «Cógela tú: pasillo 8, estantería 24».

Vamos con algo más alegre. Todos conocemos la devoción de los sevillanos por la Semana Santa. Algunos más que otros. Pues atención al siguiente titular, de esos que llevan la Marca España: «Un conductor ebrio usa el alcoholímetro como trompeta y toca una marcha de Semana Santa». ¡Olé tú!

Le hicieron soplar y tocó *Las tres caídas*. Claro, se lo llevaron a comisaría por montar un Cristo. ¿Y esto cómo debe de ser? Siento curiosidad por saber cómo suena una marcha de Semana Santa tocada con alcoholímetro. Aprovecharé que tenemos la suerte en este programa de tener una banda musical, y que tenemos a Pirata en la banda, nuestro experto en vientos, y además músico (es el que parece el Padrino). Además, está acostumbrado a los controles de alcoholemia. Lo tiene todo. ¡Un aplauso para él! *[Pirata camina hasta al lado de Andreu mientras el público le aplaude. Andreu habla con él].* Pirata, lo primero que debo decirte es que estoy encantado, porque puedes andar, cosa que me tranquiliza. Llevo tres años viéndote allí en el redil y digo «joder, a lo mejor a este hombre lo llevan con un carrito». ¡Perfecto! ¡Todo bien!

Escuchemos primero un fragmento de la marcha de *Las tres caídas* para familiarizarnos. *[Se oye en plató la susodicha pieza musical].* Bien. Esto es un reto. *[Hablándole al músico].* Pirata, este es, quizás, el mayor reto de tu carrera. Más importante incluso que cuando tocaste *Despacito* con un hueso de pollo agujereado; acabaste desnudo encima de la mesa, ¿te acuerdas? En fin, ¿aceptas el reto de tocar *Las tres caídas* con un alcoholímetro? *[Pirata afirma rotundamente que sí y añade «sin problema, a mí me la sopla todo»].*

Pues bueno, amigos *[dirigiéndose ahora al público]*, bienvenidos a los conciertos de Radio Clásica. Con todos ustedes, el intérprete Pirata interpreta *Las tres caídas* con alcoholímetro de un solo uso en Re Menor y cogorza mayor. *[Andreu le entrega un alcoholímetro y un foco ilumina a Pirata en mitad del plató. Ante la expectación general, Pirata toca* Las tres caídas *con su boquilla. Aplausos].*

¡Fantástico! A ver... *[Andreu comprueba el alcoholímetro]*. Tío, has dado positivo. Tú te caíste de pequeño en una marmita de pacharán. *[Mirando al director de la banda]*: Novoa, controla a tus pupilos, a ver si van a acabar en YouTube vendiendo hipotecas a tipo fijo. Gracias, Pirata.

¡Bienvenidos a *Late Motiv*!

LETRA DE HIMNO

Lunes, 19 de febrero de 2018

[Suena el himno de España y entra Andreu cantando]:

Buenas noches,
Qué tal están ustedes,
Yo bastante bien,
No me puedo quejar,
Para ser lunes,
Pues oye, pues mira,
no está nada mal
¡Vamos a disfrutar!

Quería hacer todo el himno español en homenaje a Marta Sánchez, y hacer todo el programa cantado, pero me ha parecido que podía quedar un poco monótono. Vaya susto, ¿eh? Me ha parecido ver a uno en el público decir «vámonos, vámonos ahora, que no lo notarán». Sí, vamos a hablar del himno y de Marta Sánchez.

Ah, y voy a hacer el monólogo en castellano, a pesar de haber vivido cincuenta años en Cataluña y haber estudiado allí. No sé cómo lo hice. Yo ahora leo las noticias y debo de ser un bicho raro. ¿O qué ha pasado allí?

Marta Sánchez es noticia, no porque haya vuelto a vivir a España, no, ella sigue tributando en Miami por el clima, porque hace muy buen clima; pero para compensar, le ha puesto letra al himno de España. Vamos a escuchar el documento original, que ya ha pasado a la historia de este país y solo lleva pocas horas. *[Suena el himno de España cantado por Marta Sánchez].*

¡Muy bien, muy bien! ¿Qué queréis que os diga? A mí me recuerda a un anuncio de turrón. Con tanto volver a casa, tanta nostalgia y tanto azúcar. La letra es muy buena, no tiene desperdicio, dice:

«Crece mi amor cada vez que me voy, pero no olvides que sin ti no sé vivir». Aquí está hablando claramente de los científicos españoles.

También se ha venido un poco arriba con lo de: «Llenar cada rincón con tus rayos de sol». Es un himno de verano. Me temo que eso significa que en Cataluña van a tener nubes por lo menos los próximos diez años.

Claro, la canción le ha gustado mucho a Mariano Rajoy. Normal... Le da gusto escuchar cantar a alguien sin que se lo pida un juez. A ese hombre le ha dado una alegría... Mariano estaba en su despacho leyendo el *Marca*, ha escuchado esto ¡y se le iban los pies! Ha dicho: «¡Ya no me pongan más la *gran noche*, quiero el himno!». Y cada mañana, pues le ponen el himno. Y bien, porque así el hombre hace ejercicio.

Nosotros hemos tenido acceso a una versión ampliada de la actuación de Marta. Cosas que no se han visto. Atención, es muy fuerte. Vamos a verlo *[Andreu enseña un videomontaje en el que Marta Sánchez canta el himno como si fuese una concursante del programa La Voz, con un jurado compuesto por Mariano Rajoy, Albert Rivera y Francisco Franco].*

Bueno, hoy hay que felicitar a Luis de Guindos, que ha sido nombrado vicepresidente del Banco Central Europeo. Nadie sabe muy bien exactamente qué es, pero, ¡hostia!, un español en el banco más importante de Europa. ¿Qué puede ir mal? Ya nos hemos cargado la economía española. Y Rajoy pensó: «¿Y la europea?». ¡Pues venga! Vamos con De Guindos. Esta es nuestra venganza por la puntuación que nos dan los europeos en Eurovisión. Se van a cagar ahora. ¡Ya verás!

Dicen que va a ganar cinco veces más que ahora, un sueldazo de novecientos quince euros brutos al día; nunca mejor dicho lo de brutos. Después de arruinarnos a los españoles, va a hacer lo mismo con los europeos.

Pero vamos a lo importante: ¿qué tal el fin de semana? ¿Habéis salido o solo tenéis tres mil euros en la cuenta? Eso ha dicho en *La Sexta Noche* la presidenta de la Comunidad de Madrid, Cristina Cifuentes, que solo tiene tres mil euros en la cuenta y que vive alquilada. Y luego ha añadido: «*Zi cada español me diera una pezeta...*», como decía Lola Flores.

Se ve que no tiene pasta. Gana ciento siete mil euros al año y solo le quedan tres mil. Aquí el verdadero tema es cómo se gasta el dinero esta mujer. Claro, va a *La Sexta Noche* para ahorrarse la luz en casa. Y por si Ferreras la contrata de canguro.

Pero no es la única que lo pasa mal en el PP. ¡Están pasando una mala racha...! También lo pasa mal Esperanza

Aguirre. Ha dicho que no se querellará contra Granados porque no tiene dinero para abogados. Claro. Pobrecita.

Podrían irse a vivir juntas, como *Las chicas de oro*, para ahorrar gastos. Así se acostumbran, por si hay que compartir celda.

Este tema empieza a ser preocupante. Yo creo que para salvar al PP hay que hacer un *crowdfunding*. ¿Sabéis lo que es? Eso de internet, que si das dinero a una causa, te hacen pequeños regalos. Como si fueras un constructor en Valencia, pero en internet.

Por ejemplo, si le das diez euros al PP, ellos te recortan las pensiones; si le das veinte, privatizan un hospital público; y a partir de cincuenta, te llega un SMS dedicado de Rajoy que pone «Sé fuerte» y tu nombre.

Y este fin de semana me cebo un poco en el PP, pero oye, qué quieres que te diga, el portavoz del PP de Santiago, Agustín Hernández, nos ha dado una lección de ecologismo. El hombre está muy preocupado por el estado en el que están los ríos de la comunidad y ha denunciado personalmente, no de boquilla en su casa; ha ido a un río a comentar y a denunciar la contaminación. Lo que pasa es que lo ha hecho mientras tiraba la mierda al río *[Andreu comenta el vídeo en el que vemos a Agustín Hernández junto a un río, cogiendo restos de basura en la orilla y lanzándola de nuevo al cauce del agua]*: «¿Ves?, mira, mira, esta mierda, *pa'l* río». «¿Ves? ¿Ves la mierda? ¿Ves esto? ¡Venga, fuera!». «¡Mira qué plástico, mira, mira, mira, hazle la foto, ¡venga! Al río otro plástico». Maravilloso. A mí lo que me fascina es que no se da cuenta. Él está en lo suyo, incluso está como diciendo: «¡Joder, qué idea más buena he tenido! Haz la foto, ¿lo has cogido bien? ¿Sí?». Que aún está en su casa diciendo «¿qué he hecho mal? Estoy denunciando». Se ha quedado como su nombre: Agustín.

Este viernes estrenaron dos películas: *La forma del agua*, de Guillermo del Toro, y *La mierda p´al agua*, de Agustín Hernández.

El grupo de la oposición en el ayuntamiento de Santiago le ha pedido explicaciones, y ha dicho *[pone acento gallego]*: «Yo es que soy afiliado en Almería». Que es uno de los recursos que se usan últimamente.

Son los mejores en lo suyo. Y, además, se han ganado otro sello de... ¡Marca España! *[A la derecha de Andreu se estampa el sello Marca España]*.

¿Qué pasa en Galicia? *[Hablando hacia la banda de* Late Motiv*]*. Pablo Novoa, nuestro director de la banda, ¿por qué pasan estas cosas? ¿Es por el clima? *[Novoa contesta que es por el narcotráfico]*.

Un consejo a todos los gallegos. Hay un proyecto para replantar bosques en Galicia. No llevéis a Agustín, que monta un IKEA.

¡Bienvenidos a *Late Motiv*!

HEIDUI

Martes, 20 de febrero de 2018

Buenas noches.

Bueno, buenas noches para todos, malas noches para la libertad de expresión en España. El rapero ya conocido acaba de ser condenado a tres años de cárcel por, entre otras cosas, injurias a la Corona. Yo, por si acaso, no voy a rapear durante el programa. Espero que eso me libre de la cárcel; eso sí, voy a hacer bromas sobre la actualidad, con lo cual me convierto en un sospechoso. *Oh my God!* Me la juego, me la juego. Pero hemos venido a jugar.

Para empezar, hoy es el Día Internacional del Gato. Este tema es suave, no creo que incomode a la Corona, pero nunca se sabe. Felicidades, YouTube. Para celebrarlo, en vez de ducharnos, nos lameremos las manos.

No se me ocurre mejor homenaje que enseñaros el vídeo de un gato celebrando su día con pasión *[muestra un vídeo de YouTube en el que un gato duerme en el suelo, sin hacer ni caso a un juguete mecánico que se mueve a su lado y le va dando golpecitos en la cabeza]*.

Bueno, como veis, este gato está literalmente harto de su dueño. El gracioso de turno que dijo «ya verás, ya verás el gato como se ríe con esto». Pero está derrotado, es un gato derrotado, ha dimitido como gato. Cómo es el gato, ¿eh? Es el fontanero de la naturaleza: tú lo llamas y viene si le sale de las pelotas. Dicen que, si eres de izquierdas, tienes gato por lo independiente que es. Y si eres de derechas, perro por la fidelidad. Si eres del PSOE, cómprate un hámster.

Que, por cierto, yo tengo una gata, tenemos una gata en casa; bueno, ella nos tiene a nosotros, en realidad. Se llama Carla. La íbamos a llamar Bigotes, pero no queríamos líos con la justicia. Hace poco que la tengo. Todavía no sé muy bien cómo funciona. Mira que la miro mucho rato, pero... Lo que más me gusta es que no hay que sacarla a pasear. Eso es fundamental. Ella sale cuando quiere. Como también tengo un perro, hablo mucho con él y le comento este tema. Él me mira con esa cara de nada, y yo le digo: «Mira tu hermana, ¡mira tu hermana! Es otra especie, ya lo sé, pero ella sale cuando quiere y tú aquí, ¡sé libre! *Be free! Be free, my dog*». Tampoco me contesta. Pero como lo haga algún día, ¡me cago vivo!

De momento, nuestra relación está siendo complicada. Yo tengo la costumbre de dormir con un pie fuera de la cama, y ese es su juguete favorito. Mientras duermo, me araña el pie, me lo muerde... Gracias a ella he descubierto la mejor lección que os puedo dar en un día como hoy: los gatos tienen siete vidas porque te la quitan a ti de noche.

La noticia de hoy es que Anna Gabriel, la diputada de la CUP, ha dicho que no regresará de su viaje a Suiza. O como diría Piqué: «Se queda».

La cosa es que está citada a declarar por la Audiencia Nacional y últimamente los catalanes cuando van a la Audiencia Nacional no salen, o salen por otra puerta. Como intuye que si viene la van a condenar a prisión, ha dicho que se va a quedar en Suiza. Por esto y por el chocolate.

Otra viviendo en Ginebra, como la Reina de Inglaterra. ¿Te imaginas que coinciden en el súper en Ginebra Anna Gabriel y Urdangarin? Que también está ahí esperando lo suyo. Sería algo así *[enseña un fotomontaje de Iñaki Urdangarin y Anna Gabriel en el pasillo de un supermercado]*:

Aquí está Gabriel mirando un chorizo. Qué escena, ¿verdad? Urdangarin le está diciendo: «¿De qué marcan son las aceitunas que llevas? ¿La Española?». A lo mejor incluso se enrollan. Sería bonito. Y a la infanta no le constaría.

Anna Gabriel en Suiza nos ha recordado al personaje de una mítica serie de dibujos animados. Nosotros hemos retocado un poco la letra de la cabecera para que se adapte a lo que está pasando, pero como ella se parece físicamente a la protagonista, todo encaja. Vamos a verlo, niños y niñas *[Andreu enseña la cabecera de la serie de animación Heidi, pero ahora se titula Heidui y lleva la siguiente letra]*:

Cup Curup Curup Cup Cuuup
Curup Cup Cup Curup Cup Cup
Cup Curup Curup Cup Cuuup
Curup Cup Cup Cup Cuuuup
Yo antes era de la CUP
Y estaba a tope con el procés
Pero me he hecho un Puigdemont
Y a Suiza me he pirao, ya ves.
Dime por qué me tengo que quedar
Si en España me quieren trincar

Abuelitoooo
Yo no voy a Soto del Real.
Eme Punto, te vas tú,
Eme Punto, te vas tú,
Eme Punto, tururuuu rurú
Eme Punto, te vas tú,
Eme Punto, te vas tuuuuuuú.

Me han comentado que está Mariano bailando en su despacho *lalalá lalá lalá* y le han dicho «que nos va a la contra, presidente». Y él ha dicho *[pone voz de Rajoy]*: «Ah, sí, claro, claro. No había escuchado la letra».

Y hoy, el Congreso de los Preimputados, perdón, de los Diputados, ha debatido una propuesta de Esquerra Republicana para derogar los títulos nobiliarios. Si prospera, el grupo Barón Rojo pasará a llamarse «tío normal Rojo».

A mí me pasa con los títulos nobiliarios que nunca sé qué es más. Eso nunca se ha especificado. Así como en el ejército lo tienes claro (o si no una hostia que te cae), entre la nobleza no es tanto así. Al menos públicamente. ¿Qué es mejor, marqués o barón? ¿Alguien lo sabe? ¿Si fueran Pokémons, quién ganaría: el conde Lecquio o la Baronesa Thyssen? Vaya lucha, ¿eh? A muerte. Lo que fastidia es que alguien tenga ciento veintitrés títulos y otro no tenga ninguno. Que le pregunten a Simeone.

O peor, que para conseguir un título tengas que casarte con un noble. Que piensas en Alfonso Díez, el señor que se casó con la duquesa de Alba, y no compensa. Ojo, que no fue por el título, seguro. Fue por amor... ¿No?

Hombre, si no quitan los títulos, como mínimo podrían modernizarlos. En lugar de duque, que lo llamen *puto amo.* «¿Tú quién eres?». «El puto amo de Segovia». «Tengo audiencia con el honorable puto amo de Tenerife». «'Puto amo' sería más que 'jefazo', pero por debajo de '*crack*'. '*Crack*' ya es lo máximo».

O mejor, que todos tengamos un título. Que lo puedas comprar en el súper. Si tienes pasta, ¿por qué no? Soy Marqués de Carrefour, o del Condis, que es un poquito más barato: el Viz-Condis. O Duque de la malversación. Bueno, este ya estaría pillado.

Y en unos días, De Guindos presentará su dimisión como ministro para irse al Banco Central Europeo. La única forma de que dimita alguien en este país es que le den un cargo con más pasta. Entonces sí, porque te sale a devolver.

La pregunta del millón es: ¿quién será su sustituto? Hoy, se lo han preguntado a Rajoy y ha respondido *[imitando a Rajoy]*: «No entremos en plazos». Últimamente no quiere entrar en nada. Rajoy es el primer presidente *waterproof*: nunca se moja. Bueno, pues nada. No agobiemos al presidente.

Nosotros hemos querido especular y hemos hecho una porra para ver quién será el próximo Ministro de Economía. Estos serían los candidatos. El primero, muy capacitado: el padre de Neymar. *[Sobre pantalla aparece la imagen del padre de Neymar con un maletín negro].* Lo tiene todo: experiencia en los negocios y en los juzgados. Y se va de rositas y viste elegante también, eso es importante. Una opción más arriesgada sería esta, Fran Perea *[se va la imagen del padre de Neymar y aparece la de Fran Perea].* Solo es capaz de entender los presupuestos del estado el compositor de «uno más uno son siete».

Pero creo que coincidiréis conmigo, amigos y amigas, en que el candidato mejor posicionado no sería uno sino dos, por primera vez en la historia: Simón Pérez y Silvia Charro *[enseña una foto de ambos en bañador*]. Simón Pérez y Silvia Charro, la pareja del momento. Les encanta la economía. A él le gusta tanto que hasta se ha tatuado un euro en el corazón. Hablan idiomas. Incluso lenguas muertas. ¡Incluso hablan idiomas con la lengua muerta! Y aquí los dos están como la economía española: casi en pelotas y al borde del colapso. Ya te digo yo que sería una apuesta... *[se oye un corte de voz de Silvia Charro diciendo «a tipo fijo»]*.

¡Bienvenidos a *Late Motiv*!

MIERDA DE LA BUENA

Miércoles, 21 de febrero de 2018

Buenas noches.

[Andreu pone tono de estar trapicheando]. Psh... Psh... Ya que hay confianza y tal, os digo una cosa *[mirando a los lados]*: mirad lo que he pillado. Traigo mierda de la buena. Todo ilegal *[se abre la americana]*. Que no salga de aquí, mirad [empieza a sonar música reggae]. El disco de un rapero, entradas para ARCO, que están colgando unas cosas ilegales que flipas, y lo mejor me acaba de llegar, calentito, calentito: *Fariña*. El libro. *[Saca el libro]*. *Fariña* es un excelente libro de Nacho Carretero sobre el tráfico de cocaína en Galicia en los años ochenta, y desde hoy está prohibido. Lleva más de dos años a la venta, pero lo han prohibido hoy.

Un juzgado ha secuestrado la edición porque lo ha pedido un alcalde que salía implicado. Y claro, el libro ya es número uno en Amazon. Lo han comprado políticos y hasta futbolistas. Maradona ya lo tenía.

Esto que tengo aquí es un objeto de coleccionista, de cuando la justicia en España se dedicaba a perseguir delincuentes. Mirad a qué precios reales está la reventa de *Fariña* en Wallapop *[enseña una captura de pantalla con el libro a la venta en Wallapop por doscientos euros]*. Es que ya no lo encuentras. He ido al FNAC y le he dicho al dependiente, así por lo bajini: «¿Fariña?». Y él: «¿Que si quiero o que si tengo?». Al final lo he conseguido, está muy bien, engancha. Me da en la nariz que va a funcionar... *[pone voz de Matías Prats]* como un tiro. Es humor blanco.

Lo último que le podía pasar a este país es que prohibieran libros. La Guardia Civil va a tener que esforzarse mucho para confiscar todas las copias.

Y seguimos con países que están peor que nosotros. En Estados Unidos, un tribunal decidirá si el Bigfoot existe. *[Se oye música de misterio y Andreu imita a Iker Jiménez]*: Bienvenidos a la nave del misterio. Un tribunal yanqui juzgará a un ser peludo, que se esconde de todos y que es ya un mito. ¿Puigdemont? No lo creo. El Bigfoot es lo que en España se conoce como el Yeti. Un ser de proporciones gigantescas y primitivo. Yo puedo afirmar que sí existe. En España hay yetis; hay uno y lleva traje e incluso tengo fotos. Es él *[Andreu enseña una foto de Albiol]*. Se ve que una mujer ha denunciado a California por no incluir el Bigfoot en la lista de especies de la zona. Luego se ha ido con su unicornio porque tenía cena con los *ewoks*.

Me llama la atención lo de denunciar a California, así en general. Hay que tenerlos muy bien puestos. Un estado que ha tenido como gobernadores a Reagan y Schwarzenegger. ¿Te imaginas aquí llevar a los tribunales a una Comunidad Autónoma? Es inimaginable. *[Hace una pausa]*. Bueno, puede ser que sí. Joder, es que según lo decía... bueno, es igual, ¡aquí es otra movida! No se puede comparar.

Yo creo que el Constitucional debería aprender de los norteamericanos. En vez de encerrar raperos, debería hacer cosas importantes, como decidir si existen mitos como el triángulo de las Bermudas, la libertad de expresión en España o los billetes de AVE de veinticinco euros.

¡Vamos ahora con lo bueno! ¿Os acordáis del Bigotes? *[En pantalla aparece una foto de Hitler]*. No, este no. *[Aparece una foto de Bigote Arrocet]*. Este tampoco, esto no puede ser, María Teresa. Me refiero a Álvaro Pérez, el de la Gürtel. ¡Este! *[Enseña la foto]*. Lo peor es que ya ni siquiera lleva bigote y, claro, ya no lo reconoces. Es el Clark Kent de la corrupción.

A lo que iba: el Bigotes ha declarado en la comisión que investiga la financiación ilegal del PP y ha dado bastantes titulares. El primero, cuando llegó a la sala y declaró que «se está calentito». Justo como se lo llevaba él. También se quejó de que la justicia no es igual para todos. Sorpresón. Menos mal que lo ha dicho y no lo ha rapeado, o se le caería también el pelo de arriba.

Pero, sobre todo, se quejó de que no se hable del marido de Cospedal. Ah, haberte casado mejor. Atentos a cómo definió el Bigotes al propio marido de Cospedal, y a Miguel Ángel Piñeiro López, exgerente del PP gallego *[enseña el vídeo en el que aparece Piñeiro diciendo «figuran como atizantes, vienen a soltar el mondongo, no vienen aquí a declarar...»]*.

¡Me encanta! Los *atizantes*, que son como el protagonista de *Cincuenta sombras de Grey*, pero en vez de a su novia, nos sodomiza a todos.

Y luego está lo del *mondongo*. ¡El mondongo! ¿Eso qué lenguaje judicial es? Me encanta. No sabes si habla de corrupción o de reguetón, dos conceptos que se parecen y que deberían desaparecer. Que yo me pregunto: ¿cómo sonaría un reguetón del mondongo? Yo me imagino algo así *[la banda toca el tema Despacito y Andreu canta con voz grave]*:

Tú, tú eres el mondongo,
y yo soy Cospedal
No piso un juzgado para declarar
Solo con pensarlo se me riza el pelo... Yo digo...

Mondonguito,
Quiero que me sueltes tu mondonguito
No es legal, pero es muy divertido,
Siempre te lo llevas supercalentito...
Mondonguito.

¡Bienvenidos a *Late Motiv*!

APECHUSQUE IS COMING

Martes, 27 de febrero de 2018

Buenas noches.

Hoy hemos entrado de lleno en la borrasca Emma. Así se llama. Yo creo que son las iniciales de «Estamos Muy Mal *Abrigaos*». Los nombres los pone la Agencia Estatal de Meteorología. ¿No lo sabíais? Yo sí. Para eso estoy, amiguitos. A Emma le han puesto nombre de mujer para ver si para el ocho de marzo, el día de la huelga feminista.

Se ve que van por orden alfabético. Primero fue Ana, luego Bruno, Carmen, David y, ahora, Emma. Me llama la atención el nombre que han elegido para cuando lleguemos a la uve: Vasco. Si Emma está siendo *heavy*, con Vasco lloverán piedras y troncos. Un día normal de invierno en Bilbao.

Y ojo, porque aparte de la borrasca, ha llegado un temporal de nieve desde Europa. La que está cayendo, amigos. En toda Europa hay heladas. En Roma se han levantado así *[hace la típica expresión italiana con las manos]*: «*Madonna, il frigodedi*». Y en el Vaticano había cristos con los brazos cruzados. *[Hace gesto de abrazarse a sí mismo]*. Que ha pasado un obispo y le ha preguntado: «¿Qué haces, Señor?». Y el Cristo, con los brazos cruzados, le ha contestado: «Pues no estoy católico». No es por acojonar, pero los hombres del tiempo han llamado al temporal... «La bestia del Este». *[Suena música de tensión, Andreu traga saliva].*

El estilo Piqueras está calando. *[Se pone a imitar a Piqueras].* «Frío, desolación, muerte, señores de sesenta años cantando *Frozen* por Malasaña...». «La Bestia del Este arrasa España. Pillan a un señor de Móstoles practicando el coito a su forro polar. *Apechusque is coming...*».

Y otra de las noticias del día... ¿os habéis enterado? Hoy Shakira ha pagado veinte millones de euros a Hacienda. Esto ha sido después de que la Fiscalía fuera contra ella por delito fiscal durante 2011, 2012, 2013 y 2014. Lo típico, que vas a otra cosa y se te pasa pagar impuestos cuatro años.

Cuando la llamaban de Hacienda se hacia la «ciega, loca y sordomuda». Solo le faltaba declarar que no quería pagar aquí «porque esto es África». Pues no, de momento no es África. A veces lo parece, pero no, Shakira.

Pero bueno, según dicen sus abogados, está colaborando con Hacienda. Está cantando *featuring Montoro*. Que te digo una cosa, Shakira: después de colaborar con Maluma, ya colaboras con cualquiera.

Y hablemos ahora de «corrupción» y «España», dos conceptos que siempre van juntos. Como «Chiquetete» y «orujo». Al parecer, han robado documentos del caso Púnica en el despacho del alcalde de Valdemoro... justo el día antes de que los pudiera llevar a la fiscalía Anticorrupción.

¡Qué mala suerte! Como cuando el perro se te come los deberes, que no te los come cualquier día, el perro te los come la noche antes, y encima entra de noche con pasamontañas y linterna. *[Se atenúa la iluminación del plató, comienza a sonar una música de misterio y Andreu imita a Iker Jiménez]*: Amigos de la nave del misterio. Nos encontramos ante un caso insólito. ¿Los primeros archivos abducidos por extraterrestres, quizá? Increíble. ¿Realidad? ¿Serendipia? *[En la lejanía aparece la voz fantasmal de Carmen, la mujer de Iker Jiménez, que le pide que baje la basura]*. Ah, sí, Carmen, ahora voy... Es mi señora, que está como un fantasma. ¡Qué inquietante!

Bueno, seguimos con el misterio, con el caso espeluznante del alcalde de Valdemoro. Ahora mismo hay un alien leyendo los papeles y se le han caído los testículos, los tres, al suelo, entre Pinto y Valdemoro. Pero no es el primer fenómeno inexplicable relacionado con la corrupción. *[Comienzan a sobreimpresionarse en pantalla diversos titulares de periódicos que van tapando a Andreu]*. Está el conocido como «Los expedientes de Bélmez», porque, igual que aparecieron, desaparecieron. *[Titular del diario* El Mundo *«11 de junio de 2017: Desaparece un expediente clave de la Púnica»]*. O los documentos del regidor de la curva, que te grita al oído «yo me quedé la mitad del presupuesto de esa curva» y desaparece *[titular de* El País *«23 de julio de 2017: Desaparecen papeles ligados a la caja B del PP de Madrid»]*. O el increíble caso de combustión espontánea en la Ciudad de la Justicia de Valencia. *[«10 de septiembre de 2017: Se incendia la Ciudad de la Justicia, dañando tres mil expedientes»]*. O el caso del fantasma que destrozaba discos duros... *[Los titulares han tapado a Andreu por completo]*. ¡Fuera todo! *[Desaparecen todos los titulares que se han ido acumulando en pantalla]*. ¡*Mecagüen* el misterio ya! Conclusión: cada vez hay menos papeles en

Madrid y más ranas de Aguirre. Es que, cada vez que le encuentran un marrón a Aguirre, dice que le ha salido rana.

Vamos con un país serio: China. China va a convertir los videojuegos en una asignatura escolar. Los niños llegarán a casa y dirán: «Me ha quedado *Super Mario* para septiembre». Y la madre: «¡Pues hasta que no rescates a la princesa, no sales!».

Los videojuegos preparan a los chavales para su vida laboral. Especialmente en estar todo el día en el sofá delante de la tele. Según a lo que juegues, defines tu futuro: *Tetris*, si vas a poner ladrillos; *Mario Bros*, fontanero que trabaja con su hermano, y *Candy Crush*, presidenta del Congreso.

En España también nos gustan mucho los videojuegos, sobre todo el *Final Fantasy*. O como lo llaman en Cataluña: el *procés*.

Nosotros hemos recreado algunos videojuegos que te enseñan lecciones de vida, especialmente si vives en España. Por ejemplo, el *Grand Theft Autónomos*. Va de prostitución, robar y traficar con droga. Lo que tiene que hacer un autónomo para llegar a fin de mes. Luego estaría este: el *SISA 18. [Hace gesto de robar]*. Va de futbolistas millonarios que le meten goles a Hacienda. En vez de con Messi, juegas con el padre. Y, por último, el videojuego sobre intentar hacer *rap* en este país, el *Celda*: busca tu nueva rima.

¡Bienvenidos a *Late Motiv*!

HUELGA FEMINISTA

Jueves, 8 de marzo de 2018

Buenas noches.

Vengo así vestido y maquillado porque gran parte del programa ha secundado la huelga feminista. Parece que me he arreglado yo mismo a oscuras. *[Dirigiéndose a la banda de música del programa]*: en la banda también os habéis vestido vosotros; en algún caso, algún enemigo incluso, ¿no? Se nota.

Hoy he tardado más al entrar a plató porque también falta una regidora, Eli. Y tampoco están las mujeres que forman parte de muchos de los departamentos del programa. Esta noche, *Late Motiv* será peor sin ellas. Lo siento, habéis pillado un mal día. Al programa le pasa como a la sociedad: sin ellas, sin vosotras, sin igualdad real, es una sociedad peor, más injusta. Así que todavía no entiendo a los que no apoyan esta lucha de hoy. Mucha fuerza en vuestra lucha y este programa es para vosotras. *[El público aplaude]*.

Hoy, miles de mujeres se han manifestado por la igualdad, por su dignidad, por sus derechos y por el sentido común, como tiene que ser. Hoy debería haber hecho huelga hasta Siri. Con tanta concentración de mujeres, Interior ha extremado la vigilancia en los aeropuertos, por si aparece... Por si aparece... No sé, porque este chiste lo escribía Laura, una de nuestras guionistas, y en cumplimiento de los servicios mínimos está a la mitad, y no sé cómo acaba.

En algunas televisiones la huelga ha sido secundada por hombres y mujeres, y en otras, por mujeres, hombres y viceversa. No han salido a antena muchas presentadoras de radio, de informativos, ni Susana Griso, *Grissom*, como la llama Bob Pop, ni Ana Rosa.

Para que veáis lo importante que es lo que se ha conseguido hoy... para que Ana Rosa no salga en un programa que se llama *Ana Rosa*. Por cierto, Ana Rosa le prometió a Rajoy que no haría huelga y la ha hecho: le ha mentido. Ana Rosa ha mentido a Mariano, es muy fuerte, es la primera vez que alguien, una periodista, le miente a Rajoy a la cara, y no al revés.

La de hoy era una huelga para todas las mujeres. Con deciros que el Obispo de Madrid ha dicho que la Virgen María también habría hecho huelga. ¿Te imaginas a la Virgen de *mani*? En lugar de «nosotras parimos, nosotras decidimos», diría «nosotras concebimos sin pecado, nosotras decidimos». María llega a hacer huelga de lo suyo y Jesús no nace. La que NO se hubiera liado.

La huelga ha tenido consecuencias en varios sectores. Renfe, por ejemplo, ha tenido retrasos. Como siempre, pero esta vez por una buena causa.

Ha habido concentraciones y manifestaciones en toda España. A las siete de la tarde, una manifestación recorría Madrid. La Gran Vía estaba petada de gente. Parecía la cola de Doña Manolita, el Primark y la del paro juntas. Si las mujeres están en la calle y Bertín en la cocina, eso es que vamos bien.

Muchas mujeres no han ido a buscar a los niños al colegio, como forma también de protesta. Eso ha generado situaciones curiosas. Había padres que han tenido que buscar el colegio en el Google Maps. Han dicho «ya voy yo, tranquila, cariño, ¿dónde está el colegio?». Y luego, en la puerta del colegio, padres desorientados: «¿Y ahora cómo se recogen? ¿Cuál es el protocolo?». Uno ha dicho: «Creo que los lanzan en catapulta». Hasta que han abierto la puerta y les han dicho «venga, pasen». Y los niños: «¿Qué haces aquí? ¿Qué ha pasado, papá?». Porque cuando ven al padre es que ha pasado algo, ¿no?

En las redes estaba la cosa calentita, como siempre. No podemos hacer un resumen porque, como diría un genio, *[pone voz de Rajoy]* «mejor no *entramosh* en eso ahora». Cuando un tema no le mola dice eso. Y tú te preguntas: «¿Y cuándo entramos?». *[Imitando a Rajoy]* «Ya *veremosh*». Pero nos ha llamado la atención esta cuenta, @NoSoyLaGente, que ha publicado vídeos de hombres afrontando la huelga en casa. Qué duro ha sido, mirad *[enseña vídeos de Twitter en los que se ve a un hombre usando el aspirador como escoba, y a otro intentando arrancar la aspiradora, tirando del cable del enchufe como si fuera una sierra mecánica y diciendo «pero ¿por dónde le meto la gasolina? ¡Joder! Que no tiene tapón, ¿dónde está el depósito?»].*

Todavía hay quien defiende que esta huelga no es necesaria. Por lo que sea, en su mayoría son hombres, un poquito justitos también. Que yo me pregunto, ¿seguro que no es necesaria? Vamos a hacer una prueba. Esto que veis es el vaso de la paciencia de las mujeres. *[Aparece un vaso vacío en pantalla]*. Y ahora, vamos a enumerar algunas de las declaraciones de los últimos días *[el vaso de la paciencia se va llenando con cada noticia]*. Por ejemplo, el obispo de San Sebastián que dijo que «el demonio está en la causa feminista». *[Aparece recorte de* El Periódico *con el titular]*. O Dolors Montserrat, que aseguró que «ser feminista es una etiqueta». ¡La Ministra de Igualdad! *[Enseña el titular en* El Mundo*]*. También tenemos al portavoz de Ciudadanos en Extremadura que preguntó: «¿El machismo no busca la igualdad y el feminismo sí?». *[Enseña el recorte del diario* Público*]*. Un *crack*. Más: un edil del PP de Manzanares dijo que «el cargo de las mujeres en Podemos lo determina su relación con el macho alfa». *[Enseña el titular del periódico* CLM*]*. Y una concejala del PP de Alcoi remató con un «las mujeres normales y reales no secundarán la huelga feminista». Las reales seguro que hoy no han trabajado, eso es cierto. *[Aparece el titular de* El Diario*]*. Y luego... el vaso está ya muy lleno, pero llega Melendi y ya lo desborda, que ha dicho en una entrevista al diario *El Comercio* que lucha «para que la mujer sea igual al hombre, no por el feminismo». Que eso es como decir: «Lucho para que los culés ganen la liga, no por el Barça». *[El vaso que estaba en pantalla se acaba de llenar de agua y se desborda]*. Vaya, parece que el vaso de la paciencia de las mujeres ha petado. ¿Todavía pensáis que no hacía falta la huelga de hoy?

¡Bienvenidos y bienvenidas a *Late Motiv*!

MADURITOS FUGADOS

Martes, 13 de marzo de 2018

Buenas noches.

Bueno, que sepáis que una nueva encuesta sitúa a Ciudadanos a solo tres puntos del Partido Popular. Hasta Rajoy se ha vuelto naranja, de la impresión. Del susto casi se mueve. Ha estado a punto de hacer algo.

Yo siempre lo he dicho: a tope con el nuevo líder del feminismo, Albert Rivera. Según la encuesta, la gente es como yo: lo adora, porque es adorable. Ciudadanos son los vídeos de gatitos de la política. Podemos se mantiene estable en cuarta posición, y Rivera está en empate técnico con Pedro Sánchez. Técnicamente, son igual de atractivos; la diferencia es que uno no es de izquierdas y el otro... bueno, empate técnico. Es que no sé de qué es.

Por cierto, ¿os acordáis de la Púnica? Rajoy tampoco. Pues hoy uno de los imputados, David Marjaliza, tenía que ir a declarar al juzgado y ha dicho que no podía, que se ha puesto malo. Pobre. *[El público lanza un sentido «oooh»]*. Es que la corrupción desgasta. Claro, ha debido de coger frío, tanto tirar de la manta...

Pero lo mejor es que ayer Francisco Granados, otro imputado, tenía que ir a declarar y tampoco apareció. La Policía no lo encontraba, y eso que la Policía no es tonta. Y no le podía entregar la orden judicial. Cuando iban a su casa para entregarle la citación, nunca estaba para recogerla. Granados es el Amazon de los imputados. Cuando te llevan un paquete y no estás en casa, normalmente dejan un aviso con varias casillas: una que dice «ausente», otra «fallecido»... Pues ahora van a sacar una nueva que diga «imputado del PP».

Bueno, al final ha ido hoy a declarar. Mi teoría es que siempre ha estado en su casa, pero no abría la puerta. La policía llamaba... *[Se oye un timbre]*. Pero no contestaba. Se acercaba a la puerta, miraba por la mirilla, veía a la Policía y se quedaba quieto *parao*. No os riais, porque lo habéis hecho más de uno en vuestras casas. Pues Granados también. El tío estaba ahí callado, esperando... sin hacer ruido. *[Hablando al público]*. Oye, sin dar nombres, no voy a ir con el micrófono, ¿quién lo ha hecho? ¡Que lo diga! Pero eso es terrible, eh. Porque lo pasas muy mal; si es una visita que no quieres atender y no quieres que venga a tu casa, llaman a la puerta y te mueves por casa como un ninja, pensando «¡me va a oír, me va a oír!». Es lo peor de la vida. Y mucho cuidado, que ahora está el tema de los móviles, que los carga el diablo. Porque tú no abres, vas con el móvil encima y el tío se pone a llamarte desde la puerta... ¡y suena! Hasta que no te queda otra que abrir: «Perdona, estaba cagando».

Al final han conseguido que salga, tirando de estrategia de madre. Le han dicho: «Granados, bájate, que no te vamos a hacer nada», con la zapatilla en la mano el policía.

Esto no puede volver a pasar. Deberían hacer un sistema de localización, con lo que está avanzando la tecnología, como los móviles, para saber dónde está en todo momento alguien imputado. Se llamaría «Maduritos fugados en tu zona». ¡Si no paran de sacar *apps* para otras cosas más banales!

Y por fin buenas noticias para la libertad de expresión en España: Amnistía Internacional ha denunciado que el Gobierno español hace «uso abusivo» de la ley contra el enaltecimiento del terrorismo, y que atenta contra la libertad de expresión. Quién lo iba a decir, ¿verdad? Bueno, pues a lo mejor lo iban a decir escritores, tuiteros, humoristas, raperos..., que están todos acojonados.

Y, por otro lado, otra de las noticias del día: el Tribunal Europeo de Derechos Humanos de Estrasburgo —que esa gente sabe bastante de lo suyo— ha condenado a España por vulnerar la libertad de expresión de los jóvenes que quemaron fotos del Rey. Entonces, amigos, ya lo sabéis: quemar fotos no es delito. Desgraciadamente, ponerles un filtro de Instagram, tampoco.

Hablando de quemados. Puigdemont ha enseñado su casa de Bélgica en un vídeo en internet. Ha sido en un reportaje entre *Independentistas por el mundo* y *Quién vive ahí*. Ya tiene un montón de visitas. El vídeo. Puigdemont, ya menos.

La casa está en la bonita población de Waterloo, que además de una canción de ABBA que todos hemos bailado borrachos, es un lugar famoso por una derrota. Que también... vaya huevos, Carles, irte a vivir allí. Rajoy ha visto la casa por internet y ha dicho lo mismo que cuando mandó a la Policía a Barcelona: «Puigdemont se la ha buscado por idealista».

Total, que a Puigdemont lo entrevistaban para el diario *El Punt Avui* y ha enseñado la casa por dentro. ¿No os pasa que vais de visita y hay gente que se empeña en enseñaros toda la casa? Hay siempre un momento raro. Cuando el anfitrión en el salón dice: «Aquí es donde hacemos la vida». Y en el dormitorio piensas «y aquí, también». Pero sé que lo estáis deseando, queréis ver la casita. Nada, es muy pequeña, muy modesta, ya veréis, es casi de protección oficial, que decían antes. Vamos a ver la casa *[comenta el vídeo del diario* El Punt Avui *en el que se ve el despacho y el comedor de la casa de Puigdemont en Bruselas]*:

Aquí tenemos a Carles enseñando el despacho. Es abuhardillado; cuidado al levantarte que te das con la cocorota. Luego, fijaos que las banderas casi no le caben; es muy pequeño, igual por eso no ha puesto la de España. El resto de la casa está muy bien, un poco fría para mi gusto; se nota que la acaba de alquilar porque está todo muy nuevo. A estrenar, como la República Catalana. Yo le hago una propuesta de decoración. Como mínimo, de felpudo. *[En pantalla aparece una foto del felpudo de Ikea con la frase «Bienvenido a la República Independiente de mi casa»].*

Bueno, amigos, ahora mismo me gustaría ser un felpudo humano (estoy exagerando), que me pisarais y entrarais a nuestra casa, que es vuestra casa: *Late Motiv*, Movistar.

¡Bienvenidos!

MUERTO ME LO LLEVÉ

Martes, 20 de marzo de 2018

Buenas noches.

Hoy ha llegado oficialmente la primavera. Se nota, ¿verdad? Es primavera, pero ha nevado en media España. Menos en Bilbao, que cae agua gorda. Antes, la llegada de la primavera la marcaba El Corte Inglés, pero ahora, con Amazon, esto ha cambiado. Lo malo de que la primavera la traiga Amazon es que llega y no te pilla en casa. Y hace frío y llueve. El mundo ya no es lo que era.

Felicidades a los alérgicos. Han sacado una *app* que alerta de los niveles de polen. También busca puntos de venta de clínex. Te dice: «A doscientos metros hay un farmacéutico. Vendiendo clínex en un semáforo, que esto es España». No sé si se entiende el chiste; es que está la cosa tan mal que los farmacéuticos están en los semáforos.

Además, hoy es el Día Internacional... ¡esto os va a encantar! El Día Internacional de la Felicidad. *[Litus comienza a tocar un tema feliz con un ukelele]*. ¿Hay algo más bonito que un ukelele que simbolice la felicidad? Tocado así, susurrando, a poder ser. Eso es la felicidad... ¡y un porrito también! Chicos, hoy se nos olvida todo: el paro, la corrupción, la sanidad… Como diría Rajoy, «un día cualquiera». Pero como te dicen que es de la felicidad, pues tú dices: «Coño, pues voy a vivirlo, a sentirlo».

Este día lo ha proclamado el Instituto Internacional de la Felicidad. No sabía yo que existía. Vas allí, y están todos de puta madre. Lo llevan Aless Gibaja, la flamenca del WhatsApp y Chimo Bayo, que se apunta a todo. ¡Uh Ah! Investigan con unos criterios X —que no sabría yo ahora decirte— qué países son más felices. Y hay otro instituto, también superútil, como el Instituto Nacional de Empleo (ese lo lleva Froilán). Pero ojo, que según este estudio, somos menos felices que el año pasado en España. ¿Por qué será? Qué ha pasado aquí, si todo está tan bien. En el *ranking* de países felices, este año España ha caído dos puestos. Y ojo, sube dos puestos… Panamá. ¿Coincidencia? No. Transferencia.

Hablando de gente feliz… El papa Francisco, al que yo considero una persona feliz, tiene millones de seguidores en Twitter. Es un Sumo *Influencer*, pero solo sigue a… ocho personas. Se ha dado cuenta el periodista Juan Soto Ivars, y lo curioso es que esas ocho personas… son todas él mismo. Mirad *[suena una música celestial y aparece una captura de pantalla de la cuenta de Twitter del papa, en la que se ve como sigue a las ocho cuentas oficiales del papa en diferentes idiomas]*.

No es que haga cuentas falsas para trolear a la gente, que quedaría feo siendo un papa. Es que tiene su cuenta en varios idiomas: en una es «el papa», *the official one*; en otra, *le papé*, «*The potato*»… ¡Todo papas! Para que digan que los argentinos no tienen ego. En realidad, esto de seguirse a sí mismo es muy de cristiano. De Cristiano Ronaldo.

¡Cómo está la Iglesia! Bueno, él no quiere problemas, dice «yo problemas no, que soy el papa, ¿eh? Yo me sigo lo mío y punto». Hoy también hemos sabido que faltan vocaciones. Bueno, esto ya lo sabíamos, pero nos han dado datos. Vocación es hacerse cura, ¿eh? O sea, eres religioso, pero nivel Premium.

«Yo es que voy a misa», no cuentas. «Yo es que iría cada día», eres Premium. El año pasado solo se sacaron el carné de cura ciento nueve personas en España. Hicieron primero lo que sería la teórica y luego la práctica. Por lo que sea, la llamada de Dios no llega a España. O llega que se entrecorta. Falta cobertura. Y también que lo de ser cura está muy mal pagado. Son los *stagiers* de Dios. ¿Qué es *stagiers*? ¡Búscalo!

Encima, y esto es verdad, se ve que la Santa Sede está preocupada por el auge de posesiones demoniacas y buscan curas exorcistas. Que ya dentro de la jerarquía es un top. O sea, está el cura normal, el de la misa, pero el exorcista, *cuidao*, ¿eh? No tiene parientes. Llega con su maletín... «¿Qué ha pasado aquí?». «La niña, que dice cosas raras». «Ah, bueno». ¡Qué fuerte! Y justo esta semana saca disco nuevo Melendi. ¿Casualidad? No lo creo.

Que yo no sé dónde puedes colgar el anuncio de un trabajo en el que hay que aguantar a gente que te vomita encima y te quiere pegar. Bueno, sí lo sé: en Forocoches.

Por cierto, ¿sabéis que Spielberg ha confirmado que el año que viene empiezan a rodar *Indiana Jones 5*? Mala idea, pero buena rima. En el papel de Indiana, repetirá Harrison Ford. ¡Ojo, con setenta y cinco años! Quizás es español y no cobra pensión. Será el primer caso del arqueólogo que se desentierra a sí mismo. Esta secuela va a ser completamente distinta a las anteriores: esta vez, Harrison se dirigirá épicamente a una excavación... *[Comienza a sonar la banda sonora de* Indiana Jones *y Andreu comienza a caminar dando pasitos como un anciano].* ¡No le pidas épica, que tiene setenta y cinco! Y cuando llegue a la excavación, en vez de entrar, se va a quedar fuera, mirando detrás de una valla.

Lo único que todavía no está claro es el nombre de la secuela, así que le vamos a echar una mano a Spielberg, que seguro que lo está necesitando. La primera opción sería... *Indiana Jones en busca de la pensión perdida*. Este se puede hacer en España perfectamente, que hay sol y está muy bien.

Otra opción: si la última de Indiana Jones se llamó *Indiana Jones y la calavera de cristal*, la próxima por lógica tiene que llamarse... *Indiana Jones y la cadera de titanio*. Aquí descubriríamos que Indiana no es hijo de Sean Connery, sino del rey Juan Carlos. Eso es fuerte, ¿eh?, porque de repente aparece el rey *[imitando la voz de Juan Carlos I]*: «¡Hijo, ven aquí!». Y el otro: «¿Eres mi padre?». «Pos claro, ¡cállate!».

Y la tercera opción es esta: *Indiana Jones y la última analítica*. Venció a los nazis, pero ¿podrá con el azúcar?

Pero la noticia del día a nivel político es que el expresidente de Francia, Nicolas Sarkozy... ¿Te acuerdas? ¿Sarkozy? Sarkozy, *Sarkozá*, cada día te quiero más. Qué gracioso era, ¿eh? Pues ha sido detenido hoy por la presunta financiación ilegal de la campaña de 2007. Mucha *liberté* y *égalité*, pero, al final, «muerto me lo llevé». Bueno, aún no está imputado. *Imputé*. No se sabe si está bajo sospecha o si se sospecha que es bajo. Mariano ya le ha mandado un SMS: «*Sé forté, Nicolé*».

Es muy fuerte de lo que acusan a Sarkozy: recibir dinero de Gadafi.

¿Tú te acuerdas de Gadafi? Que era el malo oficial de los años ochenta / noventa. ¡Qué malo era Gadafi! Con ese bigote y el turbante y montando pollos muy fuertes. ¿Sabes cuando tu madre te dice que no aceptes dinero de gente rara? Pues a Sarkozy... su madre, por lo que fuera, no se lo dijo. Qué irónica es la vida, ¿no? Podría ser que Gadafi estuviera en el cielo, según su religión con setenta y dos vírgenes, que esto es así, es una religión que también es Premium, y Sarkozy en la cárcel con una pastilla de jabón.

Se ve que Gadafi le dio tres maletines con cinco millones de euros para sus cositas. Los cinco millones para pagar los anuncios en la tele y los tres maletines para subirse y llegar al atril en los discursos.

Si entra en la cárcel tendrán que tomar medidas: la primera, evitar que Carla Bruni haga una versión del *Rock de la cárcel*. Por favor, ¡no hace falta que cante ya más!

Pero yo me pregunto: ¿os imagináis que esto pasa aquí? ¿El presidente del gobierno detenido por financiación ilegal? Yo no. Nadie quiere a Mariano detenido. Queremos que nos siga regalando sus frases emotivas. Ya sabéis, somos muy fans. Porque él, cada X tiempo, cada vez más a menudo, lanza a la humanidad una frase que nos llena de gozo, de diversión. ¡Joder! Esto es muy importante. No lo valoramos. Incluso en el programa tenemos una teoría que hemos desarrollado en otras ediciones, que es que toda esa manera de hablar que tiene Mariano no estamos dándonos cuenta de que es la de un clásico. Esto dentro de unos siglos se estudiará. No me digas la época cómo se va a llamar, pero se va a estudiar. Está el Siglo de Oro, el de las Luces, el siglo Mariano, Mariano naniano...

¡Bienvenidos a *Late Motiv*!

MASTER AND ROBANDER

Miércoles, 21 de marzo de 2018

Buenas noches.

Hoy nos hemos levantado con una exclusiva de eldiario.es: Cifuentes consiguió un máster con notas falsificadas. Además de la sangre, se ve que la primavera altera las notas. Cifuentes no se presentó a los exámenes de dos asignaturas, pero, dos años después, en la web de la Universidad, esas notas se convirtieron en notables. Cristina ha demostrado que las asignaturas son como las citas de Tinder: a veces, lo mejor es no presentarse.

La noticia deja un excelente ejemplo de ironía: al saltar la exclusiva, la última foto del Twitter de Cifuentes era esta, anunciando una nueva Ley de Universidades *[enseña una foto en la que sale una imagen de Cristina Cifuentes anunciando la aprobación de la Ley de Universidades]*. Qué gracioso, ¿no? Qué ironías del destino, yo la he llamado «Ley de Camarrasa»: apruebas desde casa. Varios medios de comunicación han preguntado a la Universidad Juan Carlos I por las notas, y han dicho: «¿Qué notas?». «Un picor en las pelotas». Y han colgado. Que me ha extrañado porque digo, joder, de una universidad te esperas un nivel más elevado, ¿no? Están cabreados.

Luego han ido a casa de Cifuentes y han llamado al telefonillo: «¿Puede bajar Cristina a una cosa?». Y se ha puesto su madre: «No, que está estudiando».

Además, se ha hecho pública una foto de Cifuentes abrazando a la funcionaria que, todo parece indicar, cambió sus notas *[muestra la foto de Cifuentes con la funcionaria de la Universidad]*. Fíjate, ahí hay cariño y dos tipos de mujer, sin lugar a duda. Es lo más parecido a una orla de fin de carrera que tiene Cifuentes.

Y luego está el profesor de la asignatura que se falsificó, que fue nombrado por el PP en Pozuelo. Casualidades, joder, es que solo veis... Y además, se llama Pablo Chico de la Cámara. Y dice que no se acuerda de Cifuentes. Pues para llamarse Chico de la Cámara tiene muy poca memoria fotográfica.

Por otro lado, el rector de la Universidad ha aclarado que se trataba de un error informático, que esas asignaturas estaban aprobadas. Pero yo no descartaría que hayan sido los *hackers* rusos, o Errejón con una Game Boy desde su casa.

A la vez, Cifuentes ha dicho que sí, que se había dejado dos asignaturas, contradiciendo al rector. Este hombre hoy ha entendido por qué «rector» viene de recto. Yo creo que la verdad sobre Cifuentes es una mezcla de «no presentado» y «notable». Es decir, «no presentable» o, para acortar, impresentable.

En fin, la trama es interesantísima: *hackers*, corrupción... En Hollywood quieren la historia. Nosotros les damos una idea de títulos, por ejemplo, esta: *Master and Robander [y aparece en pantalla un montaje con el cartel de la película* Master and Commander *con la cara de Cifuentes en lugar de la de Russell Crowe].*

Y hablando de títulos conseguidos sin estudiar, hoy revisaban el ingreso de Urdangarin en prisión. La Fiscalía ha pedido más pena. ¿Más? ¿Qué quieren? ¿Que cuide a Froilán los findes? Con lo mal que lo está pasando ese muchacho fuera de la cárcel. Que se está quedando canoso por partes, parece de la familia Addams, ¿qué está pasando aquí? Que no encuentra nada de lo suyo. De los demás, sí, pero de lo suyo, nada.

El abogado ha pedido la absolución porque dice que Iñaki ya ha sufrido suficiente condena de la opinión pública y los medios de comunicación. Ah, bueno, pues entonces nada. Que el pobre ya tiene bastante con vivir en Suiza. Que tiene que ir el pobre al consulado cada quince días a firmar. El doble que los parados del INEM, que solo van una vez al mes. ¡Qué injusticia!

La sentencia final saldrá dentro de unos días. Qué nervios, ¿eh?

Pero una de las cosas que me ha flipado es que, si Urdangarin va a la cárcel, que podría pasar, puede elegir prisión. ¿Qué te parece? ¿A que mola un poco delinquir? Se mete en Trivago y compara las cárceles con menores condenas. Que no lo lleve la Policía en un furgón de BlaBlaCar...

Él, por lo que sea, se cogerá una cárcel más sofisticadita. Puede estar tranquilo, porque no estará con presos peligrosos como raperos o humoristas. Lo peor, lo peor, sí, hoy en día, lo peor.

Se ve que le dejarían elegir un módulo de respeto; me encanta el concepto. Que no sé lo que es, pero mola. Suena a que el jabón no va en pastilla, es gel de ducha. Bueno, ya veremos qué pasa.

Cambiando de tema, según un estudio, los jefes ideales para los gallegos son Amancio Ortega, Barack Obama y Rafa Nadal. Los gallegos son la hostia. Un gran empresario, un líder mundial y un gran deportista. Lo raro es que no hayan elegido a Rajoy, que lo tiene todo ¡y es gallego! Está Mariano en su despacho, con el *As*: «Me tienen manía, lo que yo te diga, Soraya, me tienen manía». «Mira Neymar, parece que ya viene al Madrid. Voy a desayunar».

Estos tres serían los preferidos en el ámbito empresarial. Pero ¿adivináis quién es el jefe ideal en el ámbito de la comunicación? *Servidoriño*, yo. *[El público aplaude]*. Me gusta un poco, no te voy a engañar. *[Dirigiéndose a Pablo Novoa, el director de la banda]*. A ver, Pablo, como gallego, responde con total sinceridad: ¿soy tu jefe ideal? *[Novoa, que va vestido como un rapero —gorra, collar de oro con la concha de Santiago y gafas de sol—, responde: «Depende»]*. Ya están los gallegos con el «depende». Pero es que a mí lo que me ha llamado la atención es que a los gallegos también os gustaría tener a Will Smith de jefe. Yo pensaba que eso solo le pasaba a Pablo Motos. ¿Puedes venir, Pablo? *[Novoa baja del escenario y se dirige junto a Andreu]*. ¿Qué relación hay entre Will y los gallegos? *[Novoa responde]*: «Será por el clima, porque lo vemos todo negro... Nos encanta Will Smith. Todo gallego tiene un *principiño* de Bel-Air en su interior. Escucha». *[La banda comienza a tocar la base musical de la serie* El príncipe de Bel Air, *y Novoa se pone a cantar]*:

Ahora 'escoita', la historia de mi vida
de cómo un gallego cambió su movida
Sin comerlo ni beberlo llegué a ser
Guitarrista y director de una banda de Late.

Al oeste de Vigo, crecía y vivía
Sin 'facer' mucho caso a la policía
Curré de percebeiro sin cansarme demasiado
porque por las noches hacía contrabando.

Un día, comiendo vieiras con amigos,
unos tipos de Ourense me metieron en un lío
y mi madre me decía una y otra vez:
¡Con tu tío Buenafuente te vas a mover!

¡Bienvenidos a *Late Motiv*!

NI PERISCOPE NI HOSTIAS

Jueves, 22 de marzo de 2018

Buenas noches.

Empezamos con una noticia bomba: ¡Cristina Cifuentes ha dimitido! *[Ovación del público]*. Para, para, que no, que es coña. ¿Qué creéis que somos? ¿Alemania? Vamos a repasar las novedades de este culebrón, porque sigue la polémica con el presunto máster que le regaló la Universidad Rey Juan Carlos. *[Comienza a sonar la música de una serie de enredos]*. Anoche, la presidenta de la Comunidad de Madrid habló y vino a decir que todo es falso. Se le olvidó la coletilla oficial del PP: decir «salvo alguna cosa». Eso lo dijo Mariano, ¡ese grande! *[pone voz de Rajoy]*: «Todo es falso, salvo *algunash cosash*».

Claro que, en este caso, serían varias cosas: primera, que nadie sabe dónde está el trabajo de fin de máster. Hasta aquí, normal: Cifuentes es la típica española que no encuentra un trabajo.

Dice que no lo encuentra porque ha hecho tres mudanzas. Ole tú. Claro, en todas las mudanzas se pierden cosas: un jarrón del Ikea, unas gafas viejas, un título universitario español... cosas inútiles. ¿A quién no le ha pasado? Nosotros hemos encontrado una casualidad maravillosa. Se ve que en Madrid hay una empresa de mudanzas que se llama Mudanzas Cifuentes. Ojo a su anuncio, uno de los más feos que se han visto en la época moderna. El grafista era un daltónico *[en pantalla aparece el anuncio de Portes y Mudanzas Cifuentes]*. Lo dice bien claro: te vacían el piso... y después ya te hacen el montaje. Además, se ve que el tribunal que evaluó su trabajo de fin de máster es ilegal, porque no hay ningún profesor de fuera de esa universidad, algo que exige el reglamento. ¿Un tribunal corrupto en este país? Eso sí que es un caso aislado.

Además, la documentación que mostró Cifuentes para defenderse no está ni sellada ni fechada, pero parecía buena. Arriba del todo ponía «elrincondelvago.com». Es todo fantástico. Y para rematarlo, ¿visteis las declaraciones que hizo ayer Cifuentes en Periscope? Estaba en su despacho, a una hora tardía. Dijo cosas como esta *[enseña el vídeo de Cifuentes en el que dice que no se va a ir, que no va a dimitir]*. ¿Te has fijado en que tiene esa sonrisilla de «qué cabreo llevoooo», y se le escapa un poco el «¡no me voy!»? Se queda, como Neymar. *[Al público]*. No os riais, que os viene Neymar al Madrid y no sabéis dónde os estáis metiendo. En *Late Motiv* hemos tenido acceso a los comentarios que le iban haciendo *[vuelve a enseñar el vídeo de Cifuentes, pero con los comentarios de sus compañeros en la política: @M.Rajoy: «Cristina, sé fuerte», @RHernando: «¡POLE!», @IgnacioGonzález: «¡GUAPA!», @M_Dolores_Cospedal: «máster en diferido», @Pdr_Snchz: «Vendo Opel Corsa»]*.

Y mientras, el tema catalán está como el coche de Alonso: se acelera de repente, pero nunca termina bien. Hoy ha habido un pleno exprés en el Parlament. Allí somos así: pim, pam, pum, pleno exprés para investir a Jordi Turull i Negre. Según Soraya, Jordi Zurullo Negro. Ojo, porque el pleno lo convocaron anoche. Cuando Cifuentes estaba diciendo que no dimitía en Periscope, en Cataluña se convocaba un pleno para hoy a las cinco. Pim, pam. Tampoco me parece tan deprisa. La República Catalana duró ocho segundos.

Antes de seguir, quiero aclarar que los catalanes no somos tan rápidos en todo. Y... lo sabéis. No veas cuando le dijeron lo de la investidura exprés a Albiol, el del PP, el que no cabe en los planos. *[Se oye un* sampler *de* La Familia Addams*]*. De los nervios por las prisas se mareó. También es verdad que se marea fácil: a esas alturas llega poco oxígeno al cerebro, de ahí también las cosas que dice. ¿Te imaginas a Albiol desmayándose? Madre mía, eso es como si cayese una secuoya. *[Grita como un leñador]*. «¡¡¡Albiol va!!!».

Y al final, después de correr tanto... nada. Parecía que iba a haber *president* en Cataluña, pero, antes del pleno, se han reunido los de la CUP, que también son muy de reunirse. Eran el voto decisivo para investir a Turull y han decidido abstenerse. Han dicho que prisa no hay. «Hombre, es que llevamos tres meses sin Gobierno». «¿Y qué?». En términos políticos: un gatillazo. Total, que parecía que sí, pero se lio la cosa y al final no. Lo que en Cataluña se conoce como otro día histórico. Y mañana Turull va a declarar, porque el juez que investiga todo esto ha dicho «este puede ser presidente, traédmelo para acá». Yo que él estaría nervioso porque, estadísticamente, si te llamas Jordi tienes muchos más números de ir a la trena. Menos si te apellidas Pujol, que eso parece que te libra. Yo recomiendo a todos los Jordis que os cambiéis el nombre a Iñaki; ya verás como ahí hay pocas posibilidades de que te encarcelen.

Y hoy la actualidad también nos acerca a tres personas que han llevado el concepto *crack* un paso más lejos. ¿Os acordáis de Carlos Recio, el funcionario que estuvo diez años cobrando sin ir al trabajo? Es un ídolo nuestro del programa. El mejor en lo suyo. Pues la Fiscalía ha dicho que no hay delito porque no tenía despacho. Se ve que ha demostrado que hacía el trabajo desde otra parte. Concretamente, desde sus huevazos. Se instaló todo ahí. Unos huevos de primera categoría: tenía wifi, tenía todo, podía vivir allí.

El segundo *crack* del día es un alcalde de un pueblo de Alicante que ha dejado el cargo porque dice que ya ha cumplido casi el cien por cien de su programa electoral. ¡Di que sí! Casualmente coincide con que le tocaba jubilarse también como profesor de autoescuela y ha dicho «¡*Pa'* lo que me queda en el convento, me jubilo dentro!». «¡No quiero ya más líos, que está todo hecho, dejadme ya, cojones!». Y se ha ido.

Y la tercera *crack* del día es una mujer. Una *cracka*. Una mujer que ha fingido su propio secuestro para que su marido no supiera que estaba de fiesta con dos amigotes. Para que digan que el matrimonio es aburrido...

Las tres situaciones han pasado en la Comunidad Valenciana. Eso solo significa una cosa: estamos recogiendo lo que sembró la ruta del *bakalao [suena el* sampler *de Chimo Bayo: ¡Hu-Há!]*.

Y en una encuesta han preguntado a los españoles si les importaría trabajar con un robot como compañero.

[Al público]. No sé si os han preguntado a vosotros. Las encuestas siempre las hacen a otros, ¿no? Vale, vale, me pasa lo mismo a mí también. Se ve que hay unos españoles hablando por nosotros, que lo sepáis. El setenta y uno por ciento ha respondido que no y el otro veintinueve por ciento ha respondido «¿qué es trabajar?».

Lo peor es que acabaremos teniendo de jefe a un robot. ¿Te imaginas que se estropea? Que tienes que llamar al servicio técnico: «Oiga, que el jefe está estropeado». Y el servicio técnico: «Hombre, no me cuente sus movidas». Y tú: «No, es que es un robot. Anda raro y dice frases raras, sin sentido». «Aaah, vale, que es el modelo M. Rajoy».

Si yo tuviera que contestar a la encuesta, no sé qué diría. Yo entre la máquina y el humano estoy dividido, como Echenique.

Lo que está claro es que un robot te puede facilitar muchos trabajos, a no ser que seas Cifuentes, que ya te los facilita la Universidad.

¡Bienvenidos a *Late Motiv*!

SOFIZIA WAR

Jueves, 5 de abril de 2018

Buenas noches.

Empezamos con lo más importante del día. Mañana se estrena el videoclip de *Lo malo*, de Aitana y Ana Guerra, Aitana War. Nosotros tenemos un avance *[enseña un montaje del videoclip en el que las cantantes tienen las caras de la reina Letizia y Doña Sofía]*. «Sofizia War» lo llamaremos. Las malas, malotas. Si se pasan a la rumba serían Las Chunguitas.

Buenas noches. Mi pésame, si hay alguien del PP entre el público, porque la justicia alemana ha dejado en libertad esta tarde a Puigdemont y descarta el delito de rebelión. Con dos *cojonen* han puesto ahí. *[Imitando a Matías Prats]*. Puigdemont se ha librado por... ¡los pelos!

El juez Llarena anuncia que se cambia el nombre por juez Llorona. Vamos a ver, uno sale de la cárcel y otra que está a punto de entrar o no, las gallinas que entran por las que salen, yo llevo un lío que no... Porque lo de Cifuentes sigue. Ya es un poco el *procés* de Madrid. Lo sé, nos tenéis envidia. Hay un derby ahí de *processos*. Hoy, la Universidad Rey Juan Carlos ha trasladado a la Fiscalía el caso Cifuentes porque ve indicios de delito. Como diría Rajoy *[imita a Ra-*

joy]: «Hilillos de plastilina de delitos de una presidenta de la que usted me habla».

Además, la presidenta del tribunal ha declarado que no firmó el acta del máster de Cifuentes. ¡Es magnífica, es una serie, es un culebrón! Ha falsificado las notas, ha falsificado la firma, ha falsificado el máster. Cuando caiga Cifuentes, tiene el futuro asegurado como mantera. Ánimo, Cristina, no estás sola. No solo a ti te crecen los másteres del currículum. Atentos a la entrevista de Pepa Bueno a Javier Maroto, vicesecretario del PP, en la SER:

—¿Usted tiene un máster, señor Maroto?

—No, yo tengo un programa de gestión y administración pública.

—Pues ojo, que en su biografía, la que figura en la web del PP, dice «Máster en Gestión y Administración Pública».

—La página oficial es la del Congreso, y lo pone claramente: «PGLP».

—La que yo le digo es la página oficial del Partido Popular.

—Yo es que me guío por la del Congreso.

A ver... me he liado. Yo ya estoy acojonado, a ver si tendré yo también un máster y no me he enterado, lo que quiere decir que no habré ido y entonces, claro, madre mía. No cuenta la web del PP y cuenta la del Congreso.

Pues un poco más tarde de la entrevista, la palabra «máster»... *¡pling!*, ha desaparecido del currículum de Maroto en la web del PP. Antes estaba, pero luego ya no. Últimamente los másteres desaparecen incluso más rápido que los sobres.

Con lo de Cifuentes ha estallado la burbuja del currículum; esto no es nuevo. Llevamos mintiendo en esto desde la Edad Media, que los currículums eran gritados. Te hablo de una época en que entraba un rey en un sitio y había un señor, el que anunciaba, que decía: «¡Fernando II de Aragón, III de Sicilia, V de Castilla y Máster en Liderazgo y Gestión Pública!».

Mentir un poco es normal y, en España, pues es divertido, así te salen las cositas, vas adelante en la vida: «Informática: nivel Spectrum». Pero en datos básicos di la verdad. ¿Edad? La que tengas. ¿Sexo? Espaciado. ¿Aficiones? Sexo.

Yo he revisado mi Wikipedia para comprobar que estaba todo bien y he encontrado un fallo. Os juro que esto es verdad. Comprobadlo ahora mismo, antes de que los de Wikipedia lo corrijan. Fijaos, en el apartado de publicaciones de libros, aparece este listado... *[Enseña una captura de pantalla de Wikipedia con el listado de sus libros publicados].* Y, al final, sale esto: «Se la metí a Berto».

Yo no he sido, eh. Ya os digo que es un error. Porque sale en el apartado «Publicaciones» y debería salir en «Biografía». ¿Quién es el graciosito que ha puesto esto? Ya lo pillaremos, ya.

Y esta semana se han cumplido cuarenta y cinco años de la primera llamada por móvil. La hizo un ingeniero de Motorola. Este señor *[muestra la foto de un señor mayor muy sonriente con un teléfono móvil de la prehistoria].* Parece que no ha colgado desde entonces, le dijeron «le paso con un comercial» y el tío, como es un buenazo, dijo «me espero». Como era el primer móvil de la historia, la llamada fue de móvil a fijo. Le salió por un pico. Luego lo llamó un comercial para que se cambiara de móvil. A la hora de la siesta. No era de Movistar, porque esto aquí no lo hacemos.

Hay otra primera llamada histórica que no ha quedado registrada. La primera sentado en el váter. Todos lo hemos hecho. Desde que hay móviles, como no te ven —en principio—, hay gente que te llama y te pregunta: «¿Dónde estás?». Y tú: «¡En casa!». (Porque no estás mintiendo, eso es tu casa también, son aguas internacionales). Y a veces no te acuerdas, porque llevas hablando mucho rato, y sales y tiras de la cadena *[se oye un sonido de cadena de váter]* y el otro te pregunta: «¿Estabas en el váter?». Y tú: «Eeeeh... ¡No!». Qué tontos somos. O como cuando estás durmiendo y te llaman: «¿Dormías?». Y tú *[con voz de recién levantado]*: «No, no, nooo». ¿Te da vergüenza que sepan que duermes?

Pero vamos a lo más destacado. En las últimas encuestas, Ciudadanos triunfa como la Coca-Cola. ¿Somos conscientes de eso o qué? Bueno, como la Fanta Naranja. Si seguís el programa, y espero que sí, sabréis que yo estoy a tope con Ciudadanos. A muerte. Y lo estaré con su proyecto, y mucho más cuando sepa cuál es. Pero no me importa. *[Dirigiéndose al público, que ríe y aplaude]*. No, no compro vuestra ironía. Amigos, esto es el auge de un nuevo salvador de España, que está cada vez más cerca. Es el nacimiento de una nueva nación, y aquí nosotros tan tranquilos a la tontería, y va a nacer una nueva España comandada por el líder que nuestro país necesita y se merece. *[Más aplausos]*. No he ido nunca a un mitin, pero creo que se me daría bien. Total, puedes decir lo que no piensas. Por eso, hoy voy a rendirle un homenaje como se merece ese adalid de la política que va a más. Por favor, compañeros, que baje del cielo, adelante, ¡ahí está! *[Suena música épica y se despliega una lona gigante desde el techo del plató con la cara de Albert Rivera].* Demasiado pequeño para mi gusto, pero vale. Os voy a contar unas cositas para que os acabéis de decidir; no creo que lo necesitéis, pero esto es así y me voy a mover porque es más épico y lo hacen en las películas, ¿sabes? *[Comienza a andar de un lado a otro].* De paso también andas y el reloj te da los diez mil pasos. Bien, Albert Rivera es la gran esperanza naranja de España. Iba a decir gran esperanza blanca, pero tengo visto que os reís cuando junto el color blanco con Albert Rivera. *[Risas].* ¿Veis? No lo entiendo... *[Andreu se viene cada vez más arriba y comienza a decir frases sobre Albert Rivera que el publico va jaleando].*

Porque Albert Rivera no estudia másteres, los másteres lo estudian a él.

Rivera no perdió la virginidad. La ganó.

Albert Rivera ganaría unas elecciones incluso con el coche de Fernando Alonso.

Albert Rivera no es de derechas ni de izquierdas. ¿Por qué? Porque él las derechas y las izquierdas se las pasa por el centro.

Albert Rivera no es uno de los padres de la Constitución, que fueron muy importantes, él es el *cuñao.*

Rivera es tan legal que si te reforma la Constitución te hace factura.

Albert Rivera es amigo de Loquillo. ¡Aahh! A ver quién se mete con Loquillo, con esa mano que tiene. Rivera va a reparar un error histórico, una demanda histórica y por fin le va a comprar el puto camión a Loquillo, que se ha pasado toda la vida diciendo «yo para ser feliz quiero un camión». ¡Pues toma el camión!

España merece ya un presidente guapo, por favor, que venimos de lo que venimos, ¿eh? Como Francia, como Alem... Como Francia.

Y no solo Rivera. Ciudadanos es un partido de gente guapa. Y los que son feos, son graciosos, como Felisuco.

Haced caso a lo que decían vuestras madres, que ellas saben más que nosotros: votad al partido naranja antes de que se le vayan las vitaminas.

¡Viva Albert Rivera!

MASTERGATE

Lunes, 16 de abril de 2018

Buenas noches.

El *mastergate* continúa salpicando a cargos del PP. El vicesecretario de comunicación, Pablo Casado, aseguró haber ido a hacer un máster a Harvard... y en realidad era un curso en Aravaca.

Bravo. *[Aplaude]*. Que te digo una cosa, y esto que voy a decir es verdad, yo vivo en Aravaca actualmente, y yo ahí no lo he visto. No quiero malmeter, pero a ver si es un doble combo, ¿no? En Aravaca no se le ha visto nunca. Era un curso muy rápido y, claro, entonces pasó fugaz.

En el partido han aclarado que es un error, por supuesto. Confundieron «se va a Harvard» con «se baja al bar». Ojo, que llegó a decir que se había dejado ocho mil euros en aviones para ir hasta allí. Yo no sé qué avión cogió. Salían del aeropuerto de Castellón. Ya verás cuando se entere de que podía haber ido en BlaBlaCar.

También dice que no entregó los trabajos a nadie en concreto. Me encanta esa ambigüedad, mola mucho, ¿no? Y entonces, ¿qué hizo usted? Los dejó a la puerta de la universidad en una cesta con una nota que decía: «*For Mr. Harvard. It's very difficult* todo esto».

Presentó cuatro trabajos, que entre todos suman noventa folios; no se mató. Hay uno de solo diez. Que entre portada, contraportada, índice, bibliografía, glosario, la letra en Comic Sans 18 a doble espacio... te queda un folio para la dedicatoria: «A mis huevazos».

Pero no es el único, eso lo consuela al muchacho. El partido Unidos por Hoyo, que suena a ONG de golfistas, pero es un partido en Hoyo de Manzanares, ha denunciado a un concejal del PP que solo tiene una FP en Mecánica y decía ser ingeniero informático. Le han pedido que pulse Control–Alt–Dimitir. Es un chiste de informáticos. Si no lo ha pillado, dimita.

Todos estos casos están generando dimisiones en masa entre los políticos: de momento ha dimitido uno. El número dos de Podemos en Galicia, Juan Merlo, ha dimitido por mentir en el currículum. Veamos cómo han ilustrado la noticia en la prensa *[muestra el recorte del periódico en el que se ve a Juan Merlo con la cara entristecida y el titular «Juan Merlo dimite como diputado y número 2 de Podemos Galicia por falsear su currículum». Aquí lo vemos, con cara de tristeza. En ese momento, desde la banda, salta el gallego Pablo Novoa y dice: «Andreu, Andreu. Perdona que te corrija: esto en Galicia no es cara de tristeza, es cara de alegría. Como la mía». Y mira a cámara con expresión taciturna. Andreu le da las gracias por la aclaración y sigue el monólogo]*. Bueno, pues a este señor le faltaban dos asignaturas para aprobar una ingeniería. Y va el tío y dimite. La que debe de tener liada en casa. Su mujer le ha dicho: «Pero ¿qué haces dimitiendo? Que estamos en España, ¿eh? De puro bueno, eres tonto. Tontiño te vamos a llamar».

De todas formas, con todo esto que está pasando, y ya que nos tenemos confianza, que llevamos aquí mucho tiempo, debo confesaros algo... *[suena música triste]*. Porque tengo un *reconcome* dentro, no sé si decirlo: yo tampoco tengo el título de presentador. Es verdad que no existe, pero si existiera tampoco lo tendría y, claro, vengo aquí cada día y «mira este, que ha mentido», «y el otro», y yo también de alguna manera estoy mintiendo. Así que... creo que debo dar ejemplo y voy a dimitir del programa. *[El público grita «¡Noooo!, ¡noooo!»]*. Sí, sabía que me diríais que no, pero yo tengo un objetivo y lo voy a cumplir. Lo siento, voy a dimitir. Bueno, presento ya mi dimisión como presentador del programa, es así. *[El público protesta]*.

[En ese momento irrumpe en el plató Raúl Cimas con una caja de cartón. Se acerca a Andreu y le dice:

—Eres muy valiente, Andreu, de verdad.

—Vaya prisa te has dado, ¿eh? —le contesta Andreu.

—Como me dijiste que si algún día tú fallabas... pues por no perder el tiempo, estaba ahí agazapado.

—Sí, es verdad que firmaste un contrato como que estabas en primera línea para sustituirme, pero, joder, yo qué sé... —puntualiza Andreu.

—Así es, vengo todos los días y, bueno, por fin ha llegado el momento, salto del banquillo... Me he tomado la libertad de recoger tus cosas.

Y le enseña la caja que lleva en brazos.

—Mucha libertad te has tomado tú... —dice Andreu por lo bajini.

Y Cimas sigue hablando a Andreu mientras busca dentro de la caja de cartón.

—Mira a ver si está todo. El inventario: el calcetín que usas para marcar paquete. —Lo enseña—. Hoy se te ha olvidado. Vaya herencia más rata que vas a dejar. Tienes poquitas cosas. Tu póster de Albert Rivera. —Enseña un póster de Albert Rivera desnudo—. Estaba tapando la foto de tu mujer. Qué raro, ¿no? Y el bigote postizo... — Lo enseña—. Este no se te ha olvidado. Llevas ahí la carrera de hormigas. Eres muy valiente, de verdad...

—Y un poco tonto también al mismo tiempo. Tonto y valiente. ¿Tontiente? ¿Valonto? —contesta Andreu.

—No, hombre, no. Ten esto. —Le da la caja de cartón con sus cosas—. En cuanto estés en casa, ya verás qué bien. Venga. Vete para allá, que ya me echo yo esto a la espalda. —Mirando a cámara—. A ver, el embrague está aquí, ¡vale!

—¿Cómo? ¿Que presentas tú? ¿Ya? Joder, podrías haberme dado un día de despedida o algo —le dice Andreu, estupefacto.

—¿Quieres un aplauso? ¿Quieres un aplauso o no? Naah, ¿qué aplauso va a llenar tu carrera de éxitos? Es una tontería. Es mejor que te vayas así, triste. Tranquilo —lo vacila Cimas.

Sin estar muy convencido, Andreu se aleja, sin irse del todo.

—Bueno, estoy por aquí.

Raúl Cimas sigue con el programa.

—Bueno, venga, vamos a pasarlo bien. Vamos con la actualidad importante: una rara especie de tortuga con pelo en la cabeza y que respira por el ano está en peligro de extinción. —Muestra el titular y la foto de la tortuga de una página web—. La pueden ver, es interesante. Que lo de respirar por el ano yo también lo hago. Bueno, yo suspiro. Y no solo por el mío. También por el de todos ustedes...

De repente, Andreu vuelve.

—Bueno, que no. Que no dimito. Ya sigo yo. Que viendo los temas nos quitan el programa en una semana. Gracias, Raúl.

Cimas se marcha del plató y Andreu sigue con el monólogo].

El exdirector del FBI James Comey (yo toco los temas potentes, internacionales) ha dicho en una entrevista que Trump es mentiroso, machista y mafioso. Trump ha respondido: «Lo dices como si fuera algo malo».

Y también dijo, atención: «Es posible que Trump estuviera con prostitutas meándose unos encima de otros en un hotel de Moscú en 2013». Para no saberlo, da muchos detalles. Solo le falta decir lo que cenó Trump. Que ya te digo que, si fueron espárragos, hay que cerrar la planta. ¿Qué quiere decir «es posible»? Hay muchas cosas posibles. Incluso es posible que un incompetente llegue a gobernar. De hecho, no es impedimento en muchos países.

En todo caso, podría ser verdad esta afición de Trump a la lluvia dorada. Según algunos indicios, llevaría practicándola hace años. Si miras fotos de hace un tiempo... antes era moreno. *[Muestra una imagen de Trump de joven, con el pelo moreno].* Que por cierto, en todas las fotos sale con el morrito, el morrito *selfie* lo inventó él. También te digo una cosa: mucho mejor cuando era aficionado a la lluvia dorada que ahora, que se ha aficionado a la lluvia de misiles. Antes, como mínimo, solo pringaba él.

Y terminamos con Podemos, como le gustaría a Mariano. Errejón se ha impuesto a Espinar y se presentará a las primarias. Normal, la Primaria la trabaja bien. La tiene reciente. De alguna manera, se han cumplido sus deseos, mirad. *[Enseña un montaje de la película* Big *y, en lugar de Tom Hanks, es Errejón el que se acerca a la máquina de Zoltar y pide el deseo «quiero ser mayor» y la máquina de Zoltar le entrega una tarjeta que dice: «Ordena tu cuarto»].*

¿Te imaginas a Errejón de presidente de la Comunidad de Madrid? Mírate los másteres, que los tengas todos. La primera medida seguro que será poner ruedines a las bicis del BiciMad. Y luego habría que hacer algunas reformas. Nosotros proponemos reformar la Puerta de Alcalá... poniéndole puertas del Imaginarium. *[Enseña un fotomontaje con la Puerta de Alcalá con dos minipuertas como las del Imaginarium].*

¡Bienvenidos a *Late Motiv*!

CREMA TOLAY

Miércoles, 25 de abril de 2018

Buenas noches.

Hoy hemos vivido un suceso histórico. Somos parte de la historia de este país. Ha ocurrido lo que todos se imaginaban, pero, a la vez, lo que nadie se atrevía a imaginar del todo: que Cristina Cifuentes dimitiera y que dimitiera alguien del PP. *[Suena una música emotiva y el público hace una ovación]*. La caída de Cifuentes se produce después de que *OK Diario*, referencia periodística de primer nivel, publicara este vídeo *[pone el vídeo en el que Cristina Cifuentes está con un guardia de seguridad, porque la han pillado robando cremas de cosmética en el supermercado]*. Aquí, presuntamente, sale la expresidenta hablando con un agente de seguridad después de robar dos botes de crema antiedad. Cifuentes iba a regenerar el PP y empezó por su cutis. Al final, ni el máster imaginario, ni la trama del Canal de Isabel II, ni la Púnica... Dimitir en España es cosa de pobres, de *manguis* de supermercado.

Pero en fin, todo ha sido gracias a la crema hidratante. Es el momento, ya al final del día, cuando se ha dicho todo, de hacerle el homenaje que se merece esa crema.

[Empieza a sonar música de teletienda y entra un atril con dos botes de cremas de la marca Tolay; Andreu comienza a hablar con ellas]. Nunca pensé que les hablaría a unas cremas. Gracias, cremas, por darnos estas alegrías. Como muestra de respeto, voy a untarme; que la piel, con las dimisiones repentinas, se estresa y es terrible. Me voy a poner la C de Cifuentes. *[Comienza a ponerse crema por la cara].* Esto es el karma, Cifuentes. Hace años robaste una crema hidratante y hoy en tu partido te regalan un bote de vaselina. *[Andreu sigue con la cara llena de crema].* Me la dejo porque me han dicho «tú déjatela, que actúe». Me encanta el concepto de una crema que actúa. *[Poniéndole voz a la crema].* «¡Ah! ¡Soy la crema! ¡Y estoy actuando en tu cuerpo!».

Toda la historia del robo es alucinante. A los del supermercado los sorprendió ver robar a «una señora con zapatos de Prada». Van a sacar la película *El diablo manga de Prada*. Y Cifuentes, después de esto, solo puede comprar por Amazon. Si entra en el Carrefour llaman a los GEOS. Esto es muy duro.

En la rueda de prensa de su dimisión, porque la ha dado, vestida de blanco, el color de la pureza, ha salido con su coleta bien tensada, con sus tacones, y ha dicho que se va «con la cabeza bien alta». Sí, y la cara superhidratada. Que le sabe muy mal, que se han traspasado líneas rojas y se ha ido, pero muy lentamente.

Nosotros también hemos hecho un trabajo de investigación. Si lo ha hecho Inda, ¿por qué no nosotros? Hemos accedido al Wallapop de Cifuentes. Vamos a ver qué productos vende. Ahora, *right now*! El primero es este:

Las cremas Tolay. *[Y aparece una captura de pantalla del Wallapop de Cifuentes con la foto de las cremas]*. En la descripción pone: «Ideal para gente con la cara dura». Después tiene colgado esto: el típico cartelito cuqui para mesa de despacho. *[Aparece otra captura de pantalla de Wallapop con el cartel de la mesa de despacho con el nombre «Sra. Cifuentes»]*. Y dice: «Vendo por no usar hasta que me coloquen en una eléctrica». Y por último, esto, el trabajo de fin de máster *[enseña otra captura del Wallapop sin ninguna foto]*. Y pone «Cuando aparezca, cuelgo la foto».

Pobre Cifu, la que le está cayendo... Hoy que ha dimitido, queremos dedicarle un vídeo de homenaje con sus mejores momentos, que los ha tenido. El *Cifu Greatest Hits*. Mirad. *[Andreu da paso a un vídeo con diferentes fotografías de Cifuentes. «Colgando su trabajo de fin de máster» —y sale Cifuentes taladrando una pared para colgar un cuadro—. «Entrenando para escapar de los seguratas» —vemos a Cifuentes en un gimnasio probando una máquina de* running*—. «Posando con su mejor amiga» —esta vez sale Cifuentes con una serpiente de pitón colgada en sus hombros—. «Antes y después de usar las cremas» —Cifuentes junto a una gigantesca fotografía de sí misma colgada en la pared—. «Robando un detector de incendios» —imagen de Cifuentes desenroscando un detector de incendios del techo—. «Robando una estatua muy pesada» —aparece dando un abrazo a una estatua de piedra—. «Robándole el color blanco a Alejandro Sanz» —la vemos junto a un bronceadísimo Alejandro Sanz—. Al final del vídeo aparece la frase: «No te olvidaremos». El público aplaude]*.

Momento muy entrañable. ¡Mira! *[Andreu se palpa la cara]*. La crema ya ha actuado, ha actuado tanto que se ha filtrado en mi piel, soy un hombre nuevo.

Bueno, hablando de hombres nuevos, sigue la cumbre entre el presidente francés, Emmanuel Macron, y Donald Trump. Ojo al buen rollo que hay, eh. Porque yo diría que es la primera vez que un mandatario mundial tiene buen rollo con Trump, pero la primera... y a lo mejor la última. Están pasando cosas muy curiosas, miradas cómplices, palmaditas en la espalda, yo te enseño mi misil, tú me enseñas el tuyo... ¡Calla, tonto! ¿Qué dices...? Si no os lo creéis, lo hemos recopilado en estas imágenes. *[Muestra un montaje con todos los momentos en los que Macron y Trump se saludan dándose la mano, abrazos y besos].* ¡Qué te parece! Qué envidia, que te bese Trump, ¿eh? Se han tocado tanto que Macron ya es presidente de Francia y Primera Dama de Estados Unidos. Trump ha cambiado su «America First» por «Macron First». «*Macrón*, el último» quedaba raro.

Hay un momento que explica muy bien el grado de complicidad entre los dos. Vamos a verlo. *[Muestra un vídeo en el que Trump le sacude la caspa de los hombros a Macron].* ¡Le quita hasta la caspa! Que yo he pensado, ¡a que la esnifa! Ojo, que Trump dice: «Tenemos que dejarlo perfecto, porque Él es perfecto». En inglés: *«I want to grab him by the pussy»*. Tenemos otra imagen de la recepción, esta con las primeras damas *[aparece una fotografía de Macron con su esposa Brigitte junto a Trump y su mujer Melania].* Son parejas muy diferentes. Brigitte Macron tiene muchos más años que su esposo. En cambio, Melania tiene muchas más neuronas que Trump. Os preguntaréis qué está pensando Trump aquí. Yo lo tengo clarísimo. Está pensando esto *[se oye música reguetón, el estribillo de* Felices los cuatro *de Maluma: «Y si con otro pasas el rato, vamo' a ser feliz, vamo' a ser feliz, felices los cuatro...»].* Luego os la pongo para que bailemos todos *[al público*], que ya veo de qué palo vais.

Y terminamos con el mejor titular del día, injustamente eclipsado por lo de Cifuentes *[aparece una captura de pantalla de la versión digital de* La Voz de Galicia. *Andreu lee el titular: «Una pelea de madres en un parque de bolas acaba con seis heridos»].* Esto es muy fuerte, ¿eh? Heridos leves, eso sí. Pero una cosa te digo: el ser humano es maravilloso. Es el mundo al revés. Normalmente son los padres los que tienen que intervenir en las peleas de los hijos. ¿Te imaginas? «Papá, basta de peleas; como me quite el chupete veréis». «Ha empezado él», dice la madre. «Me da igual qué padre haya empezado. Castigado sin *gintonic*». Un follón increíble. Al final, según la noticia, tuvo que intervenir la Policía. Porque aquello se iba de madre, nunca mejor dicho. Vino la Policía porque la Patrulla Canina no podía ir. Es el primer caso en que lanzan pelotas a la Policía, y no al revés. Que te digo una cosa. En esos sitios huele a niño *sudao* siempre, y eso de alguna manera está segregando algo que tu cerebro no procesa bien, te irrita. He visto gente muy nerviosa en fiestas infantiles. Gente que dice «voy a fumar fuera *[nervioso].* ¡Ahora vengo, ahora vengo!». ¿Habéis visto alguna vez cómo se limpian esas bolas? No, ¿verdad? Pues si no lo has visto, por algo será.

¡Bienvenidos a *Late Motiv*!

DE PUTA MADRE

Jueves, 10 de mayo de 2018

Buenas noches.

He leído en la prensa —mira, me ha dado por ahí, tenía un día tonto— que para la investidura de un *president* en Cataluña, un tema que tenemos entre manos, que se nos está alargando un poquito, prisa no hay... Puigdemont activará mañana el plan D. Se ve que le han fallado el plan A, el B, el C... Esta gente tiene más planes que Atrápalo. A, B, C, D... Esto, más que una estrategia, parece el rosco de Pasapalabra.

Pero la noticia más impactante en Cataluña hoy es que Viggo Mortensen se ha afiliado a Òmnium Cultural, una organización muy potente catalana independentista y, ojo, porque Aragorn ha tomado partido en el *procés. [Suena música de tensión].* Cuidado que en su momento ya pidió un referéndum para Cataluña o, como la llama él, la Comunidad Autónoma del Anillo.

Esto le da al tema un tono más épico. ¿Os imagináis que lo envían para dialogar con Rajoy? Que está Mariano en su despacho leyendo el *Marca* y le dicen «que ha venido el señor ese raro». «¿Cuál?». Claro, porque en ese Gobierno...

Que Rajoy seguro que es fan de *El Señor de los Anillos*, porque se pasan las tres películas andando deprisa. Yo creo que la reunión sería algo así *[suena la banda sonora épica de El Señor de los Anillos]*:

—Buenas noches. Soy Aragorn, hijo de Arathorn, heredero de Isildur, todo nombres raros. Capitán de los Montaraces del Norte y tengo más nombres que Froilán.

—Pues mire usted, mi nombre es Rajoy, Mariano Rajoy, amigo de Bárcenash, amigo de Gürtel y amigo de Cóspedal. —Imitando a Rajoy.

—¿Y ese hobbit?

—No es un hobbit, se llama Shoraya.

Veremos cómo va el plan D. *[Al público]*. Yo espero el T, T de Trabajar, de verdad, por arreglar las cosas. Que para eso los votamos. O sea, les dimos T, Trabajo. *[El público aplaude]*.

Oye, y en política internacional no ganamos para disgustos. Ayer, el conflicto nuclear entre Irán y Estados Unidos. Y, hoy, peor: Israel ha ofendido a Japón durante su cena oficial. ¿El motivo? La cocina creativa. ¡Les sirvieron el postre en zapatos! ¡Con su calcetín y todo! *[Aparece la foto de la cena diplomática con los postres servidos en zapatos negros]*. A la izquierda, se ve a Shinzo Abe, el primer ministro japonés, flipando, con los ojos como platos. Bueno, en su caso no sería la mejor expresión. El primer ministro japonés, que es como Ricardo Darín sin haber dormido durante siete días. Cuánto daño ha hecho Masterchef. Un buen programa, pero te vuelves loco, se te va la *flapa*, quieres sorprender y de la sorpresa al ridículo hay un paso. Que te digo una cosa: depende de quién sea el zapato también cuenta como conflicto nuclear. Que yo he visto zapatos de adolescentes que eso es un arma química. Los pones en la lavadora y la misma lavadora los escupe.

Esto ha desencadenado un incidente gastro-diplomático. Es como si viene aquí un alemán, le das sangría y paella quemada y no le cobras ochenta euros. No estás respetando las costumbres.

Lo mejor es mandar a un mediador. Solo se me ocurre uno: Chicote. Le metería una bronca al chef... *[Imitando a Chicote]*: «Se te va la olla, chaval. Y menos mal que no eran callos. Ya puestos, le pides el zapato a Pau Gasol y sirves un jabalí entero. ¡En-te-rooo!». *[Al público]*. Un abrazo a Chicote desde aquí, lo queremos mucho, a ver si un día Antena 3 le deja y podemos entrevistarlo. No le dejan, no. Porque las cadenas son los padres, ya lo sabes.

Y ahora quiero enseñaros el mejor titular que he leído en meses, amigos. Eso es lo bueno que tiene leer prensa, que te da alegrías. *[Aparece una captura de pantalla de Crónica Balear y Andreu lee el titular: «Una conductora, tras volcar con el coche en Palma: "Me lo he pasado de puta madre"»]*. Ojo, que tiene sesenta y tres años. Claro que sí. ¡Un aplauso para esta señora! *[El público aplaude]*. Como si estuviera en Port Aventura, la mujer. Al parecer, esta señora había salido con las amigas a dar una vuelta... *[con voz de Matías Prats]*... y vaya si la dio.

Vamos a leer algún fragmento de la noticia, porque no tiene desperdicio:

«Dos agentes cortaron al tráfico la circulación mientras se procedía a atender a la víctima, quien no cesaba de repetir "me lo he pasado de puta madre con las amigas. Me he ido de marcha y me lo he pasado de puta madre"». Bueno, señora, pero ¿está usted bien? Y la señora: «¡Me lo he pasado de puta madre!». ¡No podía parar!

Bravo. Yo creo que igual habían salido a celebrar la subida de las pensiones, esta subida estratosférica. Como el Gobierno ahora se ha vuelto loco de la cabeza y ha dicho «toda la pasta para los pensionistas»... Y esa mujer «¡Vengaaa, dale un trompo, nena, dale un trompo! ¿Quién paga el coche? ¡El Gobierno!». Lo cubre el seguro. *Fast and Furious*, pero de señoras, ¿no?

Esta mujer nos ha dado una lección de optimismo, porque todo le parece bien. ¿Que vuelves a casa sano y salvo? De puta madre. ¿Que te estrellas y te llevan al hospital? De puta madre también.

Pero dejemos la felicidad y hablemos de Cristiano Ronaldo, *[al público]* queda poco para Kiev, ¿eh? ¿Estáis nerviosos o qué? ¿Hay mucho merengue aquí? Ahora en serio, ¿hay alguno? ¡Uy, no lo reconocen! Como los cristianos en la época romana, que no lo decían. Ahora en serio, Ronaldo va a ser un superhéroe, ya tardaba. Yo no sé por qué han tardado tanto. Un superhéroe en una serie de animación. Será el primer portugués animado de la historia. Lo que le faltaba... Ahí lo tenemos *[enseña un fotograma de la serie de animación en la que sale Cristiano Ronaldo como un superhéroe]*. La serie se llamará *Striker Force 7*. Como veis, Cristiano no estará solo. Es como la Liga de la Justicia, pero, claro, al ser del Madrid, sin la Liga *[el público aplaude y abuchea a Andreu al mismo tiempo]*. La verdad escuece.

Bueno, oye, sus superpoderes son «ser guapo, rico y gran jugador». Su punto débil, la *cristionita*, son las inspecciones de Hacienda de su archienemigo, el malvado doctor Montoro.

Me gusta esto de los jugadores superhéroes. A partir de ahora, el Barça–Madrid ya no se llamará «el clásico», que suena a antiguo; se llamará «Infinity War». Y van a poner un árbitro malo también.

Por cierto, justo hoy ha salido la noticia de que han robado la armadura que usa Iron Man en las películas del almacén donde la guardaban. ¿Casualidad? No lo creo. Mirad: *[Aparece Iron Man, se abre el casco y dentro está Cristiano Ronaldo gritando «Síííííííííííííí»].*

¡Bienvenidos a *Late Motiv*!

PIRANETTA

Lunes, 14 de mayo de 2018

Buenas noches.

[Al público]. ¿Qué tal? ¿Cómo estáis? Me he obligado a preguntar siempre a la gente cómo está, aunque no me interese. Lo quiero preguntar porque es el primer paso. ¿Estáis bien? Lo celebro.

Hablando de celebrar, el sábado se celebró Eurovisión, ese festival donde ya sabéis que, si participa España, lo importante es participar. Vaya bajón, ¿eh? Alfred y Amaia quedaron en el puesto veintitrés. Muy injusto. Ojo que no nos salgamos de la Unión Europea después de esto. Que digamos «hasta aquí hemos llegado». ¿Crisis humanitaria? Bueno, pero hasta aquí, esto no. A mí me pareció una gran metáfora. Fíjate lo mal que está Europa que Eurovisión lo ganó Israel. Que tienen una manera muy especial de celebrarlo: más de cuarenta palestinos muertos y más de mil setecientos heridos por las protestas contra el traslado de la embajada de Estados Unidos de Tel Aviv a Jerusalén. Pero lo bueno es que Israel solo ha sido Europa por una noche, ya no nos preocuparemos hasta el año que viene cuando se celebre Eurovisión en Jerusalén. Ya verás tú cuando pregunten «¿quién quiere ir a Israel este año?». Y todos silbando, disimulando, van a pasar las balas de paja.

¿Visteis a la ganadora? Es una chica llamada Netta —en catalán significa «limpia», por cierto—, haciendo la gallina. A los palestinos que haya ganado Israel sí que les ha molado un huevo. Hoy nosotros hemos querido invitarla al programa. ¡Un aplauso para Netta! *[La cámara enfoca a la banda de música y Pirata saluda caracterizado con los moños de Netta].* Cuesta distinguirla, pero es Pirata. Se parecen, pero no es lo mismo. Es como lo que compras por internet y lo que finalmente te traen, pero no sé cuál es cuál. *[Mirando a la banda].* ¿Sabes hacer la gallina, Pirata? *[Él contesta «claro, por supuesto». Comienza a mover los brazos como una gallina, pone cara de esfuerzo y saca un huevo del bolsillo de atrás del pantalón].* Luego hablamos, Pirata. Piranetta, te vamos a llamar. Has llegado a la cima de tu carrera, a partir de aquí todo es bajada.

Y este fin de semana también hemos sabido que responsables de la revista *El Jueves* irán a juicio por un chiste. Lo de *El Jueves* y los juzgados ya es rutina, desgraciadamente, en este país. La revista ya creo que se llama así porque va al juzgado todos los jueves.

Y el rapero Valtonyc irá a la cárcel por una canción. ¿Os acordáis de una película ochentera que se llamaba *Footloose*? Iba de un pueblo en el que estaba prohibido bailar... Pues al lado de España, en Hollywood son unos aficionados.

Llámame loco, pero yo creo en la justicia proporcional: para castigar a *El Jueves*, bastaría con obligarlos a leer *OK Diario*. ¡Todo! De arriba abajo, entero. Y para Valtonyc, escuchar en bucle atado a una silla a Marta Sánchez cantando el himno de España.

Y en otro *desorden* de cosas, hoy Quim Torra ha sido elegido President de la Generalitat en el segundo debate de investidura en el Parlament. Bueno, por fin una voz sensata en la política catalana, ¿eh? ¡Ejem!

Quim ha tenido que pedir perdón por unos tuits de hace ocho años contra los españoles. Ya le llaman Quim, «el respetuoso». A la tortilla española la llama «la tortilla que nos roba». ¿Sabéis de dónde ha salido Torra? Yo tampoco. Por eso se están publicando artículos como este de *El Huffington Post [aparece una captura de pantalla del diario y Andreu lee el titular «19 cosas que no sabías del presidente Torra»].* Madre mía, si solo fuesen diecinueve... Solo espero que tenga mejor mano para gobernar que para escoger gorro. De Quim Torra solo sé que es capricornio y nació un veintiocho de diciembre, Día de los Inocentes. Casualidad. Como hay poca información de él, hemos buscado su horóscopo, que es lo más fiable que hay hoy en día en la prensa, a ver qué dice. Atención al del diario *ABC* de hoy, que es el *top* de la credibilidad. Dice esto *[aparece el recorte del horóscopo en pantalla y Andreu lo lee]*: «En el trabajo es posible que este mes Capricornio tenga que entregar un proyecto con una persona con quien no se entiende muy bien». Lo clavan, ¿eh? Suerte que esto ha salido en el *ABC* y no en el *Marca*, porque si no Rajoy al verlo estaría asustado.

Y ojo al dato, Puigdemont ha seguido la investidura en directo en su despacho en Berlín. Como un *Gran Hermano*. Esta es la imagen. *[Muestra la fotografía de Puigdemont en su despacho siguiendo la investidura por la pantalla de su portátil].* Pero fijaos primero en este detalle *[en la esquina inferior derecha de la pantalla de su ordenador se aprecia una segunda ven-*

tana, en la que aparece él mismo, como si una cámara lo enfocase desde atrás]. Se está mirando a sí mismo. Esto es onanismo audiovisual. Se está aguantando las ganas de saludarse a sí mismo, como cuando pasas por una tienda de electrónica y te ves, o por un cajero automático. Y atención a lo más inquietante de la foto *[se amplía la zona detrás de la mesa, donde hay una papelera... con un muñeco en forma de conejo]*. Hay un conejo amarillo en la papelera *[suena música de tensión]*. ¿Qué tenía ese conejo que ha obligado o ha motivado a Puigdemont a decir «no lo quiero, lo dejo en la papelera»? Es que tiene la oreja amarilla y como vaya a España lo crujen. ¿Qué hace allí? Yo creo que es un conejo de Pascua que ha intentado llevarse los huevos de más de uno.

Y se ha hecho pública una encuesta del PSOE que sitúa a Pedro Sánchez a un punto del PP, cinco puntos por encima de Ciudadanos y ochocientos por encima de Alfred y Amaia. Diréis ¿quién ha encargado la encuesta? Pues el PSOE. El PSOE está a punto de ser la fuerza más votada, según el PSOE. Acojonante. Igual la encuesta la ha hecho Pedro Sánchez en persona y a la gente le sabía mal decirle la verdad. Porque cuando lo tienes delante... pues qué le vas a decir. Estaba el pobre en una boca de metro con una carpeta: «Señora, ¿tiene usted un minuto para el socialismo, por favor?». Eso explicaría por qué Pedro lleva meses desaparecido, porque estaba haciendo las encuestas. ¡Claro! La encuesta se hizo a partir de mil entrevistas en toda España. Como quedan ahora mismo unos quinientos votantes del PSOE, todos tuvieron que contestar dos veces. Supongo que algunas de las preguntas de la encuesta eran: «¿Cómo puntuaría la belleza de Pedro Sánchez, en una escala del

9 al 12?». Y el tío, que otra cosa no, pero bien parecido es, pues saca buena nota. También preguntaban «¿a qué partido votaría en las elecciones si solo existiera el PSOE?». Y la gente decía: «¿La final de Champions cuenta como partido?». También preguntaban: «Puntúe la gestión de Susana Díaz como anticristo». Y así están las cosas.

Y ya para terminar, Julio Iglesias vuelve a los escenarios a los setenta y cuatro años. Ojo, setenta y cuatro años. ¡Maravilloso! Como diría él, «*maavioso*». Me encanta, porque él atropella las sílabas, qué más le da, ¡se la suda todo! Cuando eres así, puedes hablar como quieras. ¿Sabes lo del truhan y el señor? Pues Julio ya está para cantar solo la parte del señor. Es nuestro Rolling Stone, con traje de comunión, pero es nuestro *stone*, con más hijos que los cuatro *stones* juntos... Ya ha perdido la cuenta. Le preguntas si es padre de la Constitución y duda.

Nos llegan imágenes del primer concierto de su retorno. Vamos a verlo *[pone un vídeo de YouTube en el que un anciano baila con muletas, las lanza y, milagrosamente, sigue sosteniéndose en pie para seguir bailando]*. No puedo admirar más a este tío. ¡Me tiene fascinado desde que lo he visto! ¡Cómo tira las muletas y dice «paso de todo»! PUM, se le sale la cadera y se la vuelve a poner. PAM, maneja la cadera a su antojo. PIM, PAM, PUM. ¡Venga, joder, España está de puta madre!

¡Bienvenidos a *Late Motiv*!

VEO ESPAÑOLES

Lunes, 21 de mayo de 2018

Buenas noches.

Albert Rivera, el líder naranja al que hay que votar rápido o se le van las vitaminas, presentó este fin de semana «España Ciudadana», una plataforma para cazar talentos. Que dicho así, parece un programa de Telecinco, pero en realidad es un partido político. Creo.

Algunos se han acordado estos días de un famoso primo de Rivera, un primo suyo, quiero decir. A ver si lo cuento bien, porque no es fácil, eh. Porque Albert Rivera tuvo un subidón de españolidad. Eso pasa. Te levantas por la mañana y dices «¡Joder! ¡Qué español que soy! Tengo que comunicarlo al mundo». Y dio un discurso, una soflama, muy español y mucho español, todo lo español que se podía, todo lo que daba.

El líder de Ciudadanos (el partido) defendió un nuevo patriotismo. Y cito: «Para hacer frente al populismo y al nacionalismo». «Rivera» y «patriotismo» contra «nacionalismo» y «populismo» es como montar un concierto contra el machismo y que toquen reguetón. Tú dices «joder, no me cuadra».

A los populistas les pasa como a los pijos: nunca se dan cuenta de que ellos lo son. Este es un fenómeno muy curioso. No sé si tenéis algún amigo pijo o conocido que es pijo, pijo. Y te dice *[pone acento pijo]*: «El otro día estuve en un sitio... buah, que estaba lleno de pijos». Y piensas: «¡Claro! ¡Por eso fuiste, coño!». No se ha enterado y, claro, tú, por no amargarle el día, pues no se lo dices.

El acto fue en Madrid, en el IFEMA, un recinto para ferias y exposiciones. Esta vez tocó feria. Va así, un día sí y un día no. Vamos a ver un momento del discurso; es muy emocionante, aviso. Mirad *[aparece el vídeo con un fragmento del discurso en el que Albert Rivera dice: «Yo no veo jóvenes o mayores, yo veo españoles. Yo no veo trabajadores o empresarios, yo veo españoles. Yo no veo creyentes o agnósticos, yo veo españoles. Y por eso, os propongo a todos que, a partir de ahora, nos pongamos las gafas de la España ciudadana...»]*.

¡Joder! Hay familias que ya están jugando en casa con sus hijos al «veo, veo, qué ves, veo españoles y de qué partido es». Como presidente, no sé, pero de reportero en *Españoles por el mundo* este tío lo peta. Llega a Bangkok y dice *[señalando a la gente]* «español, español, español...». Y los de producción: «¡Venga, vamos, corre, ha visto españoles!». *[Imitando a Rivera haciendo movimientos de robot]*. «Tengo un superpoder, veo españoles».

Dijo que había que ponerse las gafas de la España ciudadana. A lo mejor Albert tiene astigmatismo y ve el paro y la corrupción, pero borrosos. O eso, o es que no ve bien de cerca. Y digo yo: ¿cómo serán esas gafas? Nosotros las hemos recreado en este vídeo: *[enseña un videomontaje de la película* Están vivos, *de John Carpenter, en el que el protago-*

nista se pone las «gafas de la España ciudadana». Y donde antes había un cartel anunciando la gira mundial de Lady Gaga, ve el Huelva Tour 2018 de Marta Sánchez. Otro anuncio, esta vez de turismo, en el que leemos «Ven al Caribe», se transforma al ponerse las gafas en «Ven a Benidorm», con una imagen de Bertín Osborne en bañador. El cartel en inglés de una tienda, al ponerse las gafas de la España ciudadana, vemos que pone en realidad «¡habla en español!». Y una panorámica de la ciudad ofrece otras vallas publicitarias que, con las gafas puestas, revelan sus verdaderos mensajes: «Paella», «Olé», «Tomás Roncero», «I.V.A.», «Sobresueldos», «Paro», «Gazpacho», «Sangría», «Felisuco», «Manolo el del bombo», «Jarl»].

Por cierto, en el acto también estaba este señor: Pedro García Aguado, el de *Hermano mayor. [Muestra la foto].* Yo también creía que el hermano mayor de Ciudadanos era el PP, pero, mira, por lo menos, hay uno en el partido con un programa. ¡Pedro es un buen tipo! Sería un buen formato: *Ciudadano mayor*. Se presenta en tu casa y, si no eres suficientemente de derechas, pues te pone fino, te pone en el camino adecuado. ¿Te imaginas?: «¿Estuviste en el 15M? ¡Pues a escuchar el himno de Marta Sánchez en bucle hasta que llores! Pero de emoción, ¿eh? ¡No de pena!».

Y hablando de Marta Sánchez, ella también estuvo en este acto. Cantó su himno con letra y se emocionó de ella misma. Estamos hablando de un *selfie* emocional. Este es un resumen del momento. Esto todavía es más emocionante que el anterior. Buufff. *[Aparece el vídeo de Marta Sánchez cantando el himno de España en el mitin de Ciudadanos y emocionándose al final].*

Estas cosas me emocionan, joder *[se seca las lágrimas con un pañuelo de papel]*. Ha hecho un *hit* y encima la música no es suya. Y cómo cantaba, ¿eh? Mirando a un punto fijo, como si estuviera Dios ahí atrás. *[Con voz de Dios]*. «Cántame a mí, Marta, cántame a mí». *[Cantando como Marta Sánchez]*. «Nananah... te doy las gracias...». Y Dios: «De nada». Fijaos que Rivera le lanza un beso al final. ¿Estaríamos hablando de un flechazo entre Rivera y Marta Sánchez? Tenemos unas imágenes que dan que hablar, uy, uy, uy *[vemos un videomontaje de Marta Sánchez cantando el tema* Colgando en tus manos, *pero, en lugar de cantarlo con Carlos Baute, lo hace con Albert Rivera]*.

Bien, bien, está molando este tema y no ha hecho más que empezar.

Toca hablar de la polémica con Pablo Iglesias e Irene Montero. El secretario general y la portavoz de Podemos se han comprado un chalet con jardín y piscina de seiscientos mil euros. Es tan grande que cabe un castillo hinchable para Errejón. Se han comprado lo que vendría siendo un *casoplón* de toda la vida. Que yo digo: a ver, entonces muchas esperanzas de irse a vivir a la Moncloa no tenían. La polémica está en que antes Iglesias criticaba, y con vehemencia —ya sabéis cómo es él—, a los políticos que viven en chalets. Total, que Pablo e Irene van a consultar a las bases si deben seguir al frente de Podemos. Un sistema cojonudo para pasarle el marrón a otro.

Yo todas las decisiones de pareja las sometería a votación, se acabó la tensión en las casas:

—Cariño, ¿adónde quieres ir de vacaciones este año?

—Donde digan las bases.

—¿Cuándo conocerás a mis padres?

—Cuando digan las bases.

—¿Cómo me queda la ropa?

Cuidao, que esto es pregunta trampa. Primero dices «bien». Siempre a muerte «bien», «de puta madre, cariño, pero vamos a ver qué dicen las bases».

Pablo e Irene, haced lo que queráis, pero cuidado: la última pareja de españoles que se sometió a votación quedó en el puesto veintitrés, por debajo de Eslovenia. Todo esto ha dado pie a que se debata en qué casa deberían vivir los políticos. Porque no hay temas más importantes en este país, este es el prioritario.

Nosotros queremos hacer algunas propuestas a través de un portal inmobiliario que nos viene al pelo: Fotocasta. ¿En Fotocasta, qué encuentras? Pues empecemos. Por ejemplo, empecemos por esta bonita casa de hobbit en la Comarca *[enseña una captura de pantalla de la app Fotocasta con una fotografía de una casa de hobbit, con el pie de foto: «1.000.000 €. Hobiton, ideal medianos. Sin vecinos ni alcaldes»].* Ideal para Soraya Sáez de Santamaría. Por la tranquilidad, claro. Sin vecinos, ni alcaldes ni vecinos que elijan al alcalde, y sin Cospedal cerca. Para Pedro Sánchez, hemos encontrado en Fotocasta esta *[aparece otra captura de la app Fotocasta, con la fotografía de la sede del PP de la calle Génova; en el pie de foto se puede leer: «30.000.000 €. Para sentirte como en casa y ser popular»].* La sede del PP en Génova. Así se sentiría como en casa y, además, por fin podría ser popular. Para Albert Rivera... *[imagen de la app Fotocasta con fotografía de Casa Pepe: «760.000 €. Orientado al sol»].* Casa Pepe. Todo ventajas, como le gusta a Albert. Y por último, para Echenique, hemos encontrado esto en Fotocasta *[aparece de nuevo una captura de la app con una fotografía de una plaza de parking, ideal monoplaza].* Si el tamaño de la plaza de *parking* es pequeño o grande lo podrían decidir también las bases, pero te caben las bicicletas de los niños.

Y hace unos días salió publicada la última teoría de Stephen Hawking antes de morir. Según él (cuidado con el tema, sé que tenéis nivel y lo vais a poder asimilar), los universos paralelos existen y se parecen entre sí. Veinte años le costó demostrarlo a este hombre, con lo fácil que hubiera sido venir a España y conocer a Álvaro de Marichalar, que vive ya desde que nació en un universo paralelo y no sabe nada de física. De química, sí.

Nosotros, hoy aquí vamos a comprobar esta teoría. *[Le pasan un artilugio a Andreu con forma de pistola].* Me he comprado una pistola que abre portales de universos paralelos. La vendían en Wallapop, de unos tíos llamados Ricky y Morty, ¿qué puede fallar? Vamos a comprobarlo. *[Andreu dispara la pistola y abre un portal que lo lleva al plató, pero en otra dimensión, un plató con una iluminación de un tono radioactivo, la banda del programa es diferente, tocan raro, y aparece Raúl Cimas a presentar el programa. Cimas comienza a hacer el monólogo de entrada: «Buenas noches, antes de nada, felicidades al Osasuna por ganar su octava Champions. Goles de Messi, Ronaldo y Lady Gaga. Pero hablemos de ciencia, y si hablamos de ciencia, tenemos que hablar de Aless Gibaja, claro, catedrático de Oxford. Ha recibido el prestigioso premio de física, el "Sergio Ramos de Oro". Aless Gibaja demostró que los universos paralelos no existen». Andreu lo interrumpe:*

—Perdone que lo moleste, los universos paralelos sí existen, soy Andreu Buenafuente, de otro universo, encantado.

Raúl Cimas pide un aplauso para el visitante, y el público aplaude. Andreu sigue hablando:

—A ver... ¿en este universo tú eres el presentador?

Y Cimas contesta:

—Claro, aquí, en Intereconomía, saben lo que se hacen. La tele pública es así, solo lo mejor.

—Es curioso —contesta Andreu, mirando al decorado—. Se parece todo, pero es diferente. En mi universo tenemos la foto de Benidorm, y aquí parece que tienes la imagen de una ciudad postapocalíptica, futurista.

Cimas contesta:

—No, hombre, no, eso es Albacete. Lo que pasa es que se fue Calatrava a vivir allí y le lavó la cara.

Andreu sigue describiendo el plató en ese nuevo universo:

—Y también tienes una banda, por llamarla de alguna manera, bastante distinta.

—Hombre, pero ¿qué dices? —contesta Cimas—. Son mis vecinos y son la caña. El año pasado ganaron el premio Salchipapa de la música.

—Bueno —sigue Andreu—, tengo que hacerte la pregunta que se hace siempre que llegas a un universo paralelo: ¿quién es el presidente aquí?

—¿De verdad no lo sabes? —pregunta Cimas extrañado—. Pues Carles Puigdemont. Un facha de cojones. Presidente de España y Canciller de Alemania. Aquí a Alemania se la llama España del Norte.

Andreu, flipando, hace más preguntas:

—Oye, y por saber más cosas, ¿a qué se dedica mi yo en este universo? Debo de ser un actor así maduro...

—Pues mira, Andreu —le explica Cimas—, justo la semana pasada fuiste noticia. Te hicieron socio de honor del Real Madrid.

Aparece un fotomontaje de Andreu junto a Florentino Pérez en el Santiago Bernabéu, sosteniendo una camiseta del Real Madrid que pone «Buenafuente» en el dorsal.

—Oye, mira, no me gusta este universo, me voy a marchar —dice Andreu.

—¿Y si te digo que el líder del Partido Republicano es Froilán? —dice Cimas.

—Eso me gusta un poco más —contesta Andreu—. Pero me voy a marchar.

—Espera, espera. Dime una cosa antes. En tu universo, ¿quién es el presidente?

—Mariano Rajoy —responde Andreu.

Cimas pone cara de incrédulo y contesta:

—¿El famoso logopeda?

Andreu, a punto de que le explote la cabeza, vuelve a apretar el gatillo de la pistola y abre de nuevo el portal de regreso a su universo].

¡Bienvenidos a *Late Motiv*!

PUEDE SER UN GRAN DÍA

Jueves, 24 de mayo de 2018

Buenas noches.

Como ya sabréis, hoy la sentencia del caso con nombre de IKEA, la Gürtel, se ha hecho *púnica*. Perdón, se ha hecho pública.

Mil setecientos foliacos. Eso es media política de privacidad. Yo me lo he leído todo esta tarde, tenía un rato libre. A partir de la página ochocientos flojea un poco, pierde emoción, es previsible, pero es innegable que en España, la Gürtel tiene la mejor trama.

Hay tantas cosas para comentar que hoy le vamos a dedicar un monólogo especial, no cabía ningún tema más. Empezamos con lo importante: los condenados. ¿Quiénes son? ¿Cómo son? ¿A qué dedican el tiempo libre? Vamos con una nueva edición de... *¡El PPrecio Justo! [Suena la sintonía y entra la cabecera de El* PPrecio Justo. *Andreu, imitando al mítico Joaquín Prat, se convierte en el presentador del concurso].* ¡Buenas noches y bienvenidos... a Soto del Real! Estos son los afortunados *[abre un sobre que tiene entre manos y lee]*: Luis Bárcenas, ¡al penal! Francisco Correa, ¡al penal! Rosalía Iglesias, ¡al penal! Pablo Crespo, ¡al penal! Partido Popular,

¡a pagar! Y por último: el Bigotes *[se oye un sonido de frenada y se para la sintonía del programa]*, ¡a casa... a cenar! Sí, el Bigotes ha sido absuelto. Que ni él mismo se lo cree. Ha dicho: «¿Ya lo han mirado bien? ¿Ya lo han mirado bien todo? Que luego no me llamen, eh. Que si me voy con la ilusión, luego no me llamen, eh». Eso sí que es un caso aislado. En el PP, si llevas bigote, te libras. Aznar está tranquilo.

Ha habido varias condenas y a cada uno le han caído unos años de prisión distintos. Para saber cuántos... Vamos a verlo como me habría gustado que se hubiera hecho pública la sentencia, porque al final es aburrido, son muchas cifras, son muchos años, muchos nombres... Pues hazlo bien, a la tradición española, así *[Andreu da paso al vídeo de Los niños de San Ildegürtel, sorteo de Lotería en el que las bolas, en lugar de repartir dinero, reparten años de cárcel para los implicados en la trama Gürtel. Todo cantado por dos niños, como en el sorteo de la Lotería de Navidad]*. Enhorabuena a los premiados y recuerden: si no les ha tocado, han colaborado en una gran acción social. Y en especial al PP, el primer partido político en democracia condenado por corrupción, aunque ellos están a lo suyo, dicen que no.

Así lo han celebrado en la sede de Podemos, que buena falta les hacía una alegría, mira, mira *[pone un vídeo en el que Pablo Iglesias está de celebración con el resto del partido, haciendo la conga]*. Luego, Pablo e Irene Montero han invitado a todo el mundo a brindar en el chalé. Ojo, que a Luis Bárcenas le han caído treinta y tres años, y a su mujer, Rosalía, quince. Pero atención, yo no quiero decir nada, pero Bárcenas dijo esto en octubre del año pasado *[muestra un titular de* eldiario.es*]*: «El PP teme una venganza de Bárcenas si el inminente fallo de la Gürtel envía a su mujer a prisión». Bárcenas dijo que no tiraría de la manta si su mujer se libraba de la cárcel. Cosa que no ha pasado. A esa manta le espera una semana de mucha tensión. Además, es una manta muy larga. Tan larga que ha llegado hasta aquí, hasta Tres Cantos. *[Al equipo de arte]*. ¿Tenemos la manta, compañeros? *[Le pasan una manta gigante y Andreu empieza a tirar de ella]*. Es buena, ¿eh? Lleva lana. Mucha lana. *[Sigue tirando]*. Y tiene pinta de ser calentita. Les vendrá bien, ahora que van a estar a la sombra. Da para noche de sofá, mantita y sentencia. *[Sigue tirando de la manta, que se extiende por todo el plató]*. Esta manta no acaba nunca. Parezco la madre de los Gasol arropándolos. ¡Venga, a dormir, niños! Bueno, mira, no puedo más *[suelta la manta]*. ¡Es infinita! Te digo una cosa: como Bárcenas se ponga a tirar de esta manta, va a echar bíceps. Así que ya sabes, como diría M. Rajoy *[con voz de Rajoy]*: «*Luish*, ponte fuerte».

Las reacciones a la sentencia se han sucedido durante todo el día (ahora cojo un tono más de informativos). En el Partido Popular, los más afectados han salido a hablar y han sacado al más ponderado: Rafael Hernando. Era un día para Rafael; todo el mundo, con este marrón, lo estaban mirando, y él: «Si queréis salgo yo, ¿eh? A mí me la pela todo». Y los del partido: «Sal tú, Rafael, que a ti esto se te da bien, esto está embarrado, sal tú». Y no ha decepcionado. Ha dicho, atención: «No hay que exagerar». Bravo. Un aplauso, por favor. *[El público aplaude]*.

En Podemos, han propuesto al PSOE hacer una moción de censura. Aunque antes de hacer estas declaraciones, Pablo Iglesias ha tenido que consultar a las bases si podía consultar al PSOE y luego declararlo o tenía que declarar que dimite por declarar. Como siempre, en Podemos, un follón. Y por supuesto, también hay declaraciones de Ciudadanos. Albert Rivera, el líder, ha dicho: «Yo no veo culpables o inocentes, yo veo ESPAÑOLES».

Pero lo más alucinante del día —qué cosas tiene— es que, una hora antes de salir la sentencia, Mariano Rajoy, «el orador», ha dado una entrevista en la COPE. Herrera le ha preguntado por la Gürtel y ha dicho esto *[muestra el fragmento de entrevista en el que Rajoy dice: «Es evidente que el Partido Popular es mucho más que diez o quince casos aislados»].*

Ojo, tiene razón: yo creo que se refiere a que hay diez o quince políticos honestos en el PP.

Me encanta que le hayan puesto un cartel que pone «Herrera en COPE» para que se vea y se sepa dónde está y con quién. Ese cartel era para Mariano, sobre todo. Que es capaz de decir *[con voz de Rajoy]* «estoy en Herrera con el señor Cope». Pero lo mejor de todo es la declaración que hace nada más empezar la entrevista, cuando aún no sabe la que le va a caer. O a lo mejor lo sabe y saca, como un verdadero *coach*, un argumento positivo para que la cosa no sea tan jodida. Es que Mariano juega en otra liga *[enseña otro fragmento de la entrevista en la COPE en el que Rajoy dice: «La verdad es que hoy es un buen día para el Gobierno y para el Partido Popular, y sobre todo lo es para España». Al volver al monólogo, Andreu aparece caracterizado de Mariano Rajoy, se sienta en un taburete frente a un micro y empieza a cantar una versión de* Hoy puede ser un gran día, *de Serrat].*

Buenas noches *[imitando a Rajoy].* Sí, sí, lo he dicho con el señor Cope en la cadena Herrera. Miren ustedes, hoy ha sido un día aparentemente difícil para el Partido Popular, el partido más votado de España, que ya tiene sus presupuestos, eso también hay que recordarlo. Yo estoy aquí para animarlos. Voy a recordarles que el partido no ha sido declarado culpable, solamente una cosita de responsabilidad civil, unos *hilillosssh* de responsabilidad civil. Hay que animarse, el país va hacia delante, no estamos tan mal. *[A la banda]*. ¡Venga, chicos, vamos a cantar!

Hoy puede ser un gran día
Plantéatelo así
Se han cepillado a medio partido
Pero yo sigo aquí.

Hago como que no me entero
para variar
Si hasta ahora me ha funcionado
pa qué voy a cambiar.

No sé cómo siempre gano
soy el puto amo
como Raphael.
Hoy puede ser un gran día
Pese a la Gürtel.

Venga, así que vamos a disfrutar de la noche y de lo que queda del día, un día que pasará a la historia de España. ¡Venga, chicos! *[La banda sigue tocando* Hoy puede ser un gran día*]*.

¡Bienvenidos a *Late Motiv*!

FIN DE LA CITA

Lunes, 4 de junio de 2018

Buenas noches.

¿Qué tal el fin de semana? ¿Todo bien? Vaya fin de semana, ¿eh? ¿Os acordáis de cuando gobernaba el PP? Parece que fue la semana pasada.

Madre mía, yo todavía no me lo creo. Yo tengo una teoría muy fundamentada: es todo una cortina de humo para tapar lo de Zidane. Qué mal día escogió Zidane. Joder, un entrenador histórico dice: «Oye, que me voy», y ¡buuuuuuuum! Lo ha tapado la actualidad. Está en su casa diciendo «no lo entiendo, creo que yo era más importante...».

El flamante nuevo presidente es Pedro Sánchez. El líder por excelencia. A partir de ahora, yo ya olvido a Albert Rivera, que estaba mucho por él. ¿Chaquetero? Un poquito sí. Lo voy a llamar «Pedro, el carismático».

Ojo, que con él parece que dejamos atrás el feudalismo: es el primero que jura la Constitución sin crucifijo. *[Poniendo los brazos en cruz]*. El pobre crucifijo estaba allí, en el armario, en plan «¿cuándo salgo?, ¿cuándo salgo?». «Esta vez no», le han dicho. Y el crucifijo: «Otra vez me han dejado colgado». Lo hizo, según Pedro Sánchez, porque es un presidente laico. Según Susana Díaz, porque es un vampiro.

Vaya giro del destino, ¿eh? En Hollywood iban a hacer una peli sobre Pedro, pero ya tenían *Princesa por sorpresa*, que va un poco de lo mismo.

Su historia nos ha recordado a un mítico personaje de la televisión, y así hemos resumido la última semana del nuevo presidente. *[La banda comienza a tocar una versión de la sintonía de* El príncipe de Bel Air, *sobre un montaje en el que vemos un resumen de los* best moments *de Pedro Sánchez]*:

Ahora escucha la historia de mi vida
Y de cómo el destino cambió mi movida
Sin comerlo ni beberlo, llegué a ser
Presidente del gobierno echando al PP

En un barrio madrileño, crecía y vivía
Sin hacer mucho caso a Susana Díaz
Bailaba con Iceta sin cansarme demasiado
Porque yo estudiaba y no en la Rey Juan Carlos

Cierto día, jugando al básquet con amigos
Unos tipos de Podemos me metieron en un lío
Y la prensa me decía, una y otra vez
¡No te hagas ilusiones, que vas a perder!

Hasta dos primarias llegué a ganar
Y eso que los barones me miraban mal
Quería llegar a ser el presidente
Y entrar en la Moncloa con aire sonriente

Con la Gürtel eché a Mariano
Dejando a Rivera con la miel en los labios
Estaba en Moncloa y la cosa cambiaba
Mi trono me esperaba, el presi ya llegaba

Hoy Pedro Sánchez se ha despertado en la Moncloa, ha ido al baño —que eso, seas presidente o no, tienes que hacerlo—, ha llamado al CESID para que le digan cómo volver a su cuarto porque se había perdido, y luego se ha reunido con el presidente de Ucrania, Petró Poroshenko. Imagínate la cara de Poroshenko también. Él había quedado con Mariano y se encuentra con Pedro, porque estas cosas se agendan con tiempo. Como Tinder, pero al revés.

El presidente de Ucrania estará flipando. Si encima Pedro habla fluido, ¡incluso el inglés! Tú entras a un sitio y el tío no se parece, no conoce la casa, no se llama igual... Yo lo veo y pienso: «Este ha entrado a robar». Bueno, como todos.

Eso sí, veremos cómo le va. Opiniones hay para todos los gustos, versiones, interpretaciones, la mayoría interesadas, pero una cosa es así: Pedro es el presidente más guapo de la democracia. ¡Tío bueno!

Parece un anuncio de ropa de hombre de El Corte Inglés. Estaba por nombrar ministro de exteriores a Emilio Tucci. Al final, hoy ha designado a Josep Borrell. ¿Este no estaba en Ciudadanos? Ah, no, estaba en un acto de Ciudadanos en Cataluña. Al final, va a nombrar a Vargas Llosa ministro de Cultura. Y a la Preysler, ministra consorte.

La conclusión es que un gobierno se hace más rápido que un grupo de WhatsApp. ¡En nada!

[De repente, suenan truenos por todo el plató y en el videowall *aparece Andreu caracterizado de Mariano Rajoy. Andreu se gira y ve una cara gigante de Rajoy en la pantalla].* ¡Hos-tia! ¡Mariano Rajoy! Cómo le gusta aparecer en plasma. *[Rajoy-Andreu responde]*: Esta vez no es plasma. Soy el fantasma de las presidencias pasadas. Soy una aparición mariana. *[Se ríe].* Andreeuuu, ¿qué haces hablando de Pedro Sánchez? ¿Tan rápido me has olvidado? *[Andreu contesta]*: Son muchos años juntos ya, Mariano. Necesito conocer a otros presidentes. No es por ti. Bueno, sí que es por ti. *[Rajoy-Andreu responde]*: Yo dejo el país mejor que como lo encontré. Ahora ya no hay raperos. De nada. *[Andreu lo entrevista]*:

—Señor Rajoy, mientras se debatía la moción de censura, usted estuvo ocho horas en un restaurante, y comentan algunos diarios que se tomó hasta siete *whiskies*. ¿Es eso verdad?

—No conozco a ese destilado del que usted me habla. Además, no fueron siete. Fueron... unos hililllos de *whisky*. Unos chupitos, vamos. Después tuve resaca o, como decimos en el PP, «borrachera en diferido». —Rajoy-Andreu se ofende.

—Ya... Lo vamos a echar de menos, don Mariano. Para que vea que no lo olvidaremos nunca, hemos habilitado un espacio en su memoria, aquí, en Movistar *[enseña una foto de un despacho de Movistar con una barra llena de botellas de alcohol y una marioneta de Rajoy].* Le recordaremos siempre así: sin hacer nada.

[Rajoy-Andreu se emociona].

—Snif, snif... *Is very* emocionante todo esto. Adióóóós, adióóóóós... Estoy por aquí, ¿eh? Que yo no me voy ni con agua caliente *[la cara de Rajoy se desvanece de la pantalla].*

—Adiós, Mariano. Como diría Cañita Brava, me debes seis mil pesetas de *whisky*.

[Al público]. Amigos, Mariano se va tal y como entró: sin que nadie se lo creyera.

¿Sabéis que en la Casa Blanca dejan un libro con todos los secretos de estado para el siguiente presidente? Que solo puede ver el presidente entrante. Pues Mariano ha dejado un *Marca* con el crucigrama hecho. Y ahora Mariano ha vuelto a su casa, que está en Aravaca. O como diría Pablo Casado, en Harvard.

Yo no digo nada, que no salga de aquí, por favor, pero ha sido venirme a vivir a Madrid —perdonadme que hable de mí— y empezar a pasar cosas raras.

Primero el fútbol: tres años llevo aquí, tres años que el Real Madrid gana la Champions. Y justo hace unos meses... y no es broma: me he mudado a Aravaca. ¡Qué iba a saber yo!

Somos vecinos Mariano Rajoy y yo. Me he convertido en el vecino, que es el que elige al alcalde que quiere que sean los vecinos el alcalde.

Ya verás, con la suerte que tengo yo aquí en Madrid, me lo voy a cruzar en el súper, lo sé. Estoy preparado para ese momento. ¿Te imaginas? «Hola, Mariano, ¿qué tal, comprando?» *[Imitando a Rajoy]*: «*Puesh shí*. Hoy los tomates no son cosa menor; dicho de otro modo, son cosa mayor».

Total, que Mariano estos días ha dicho adiós a los suyos. Nosotros tenemos imágenes en exclusiva de esta despedida. *[Pablo Novoa va junto a Andreu con la guitarra, empieza a tocar un tema melancólico y a hacer coros. El plató se vuelve blanco y negro, y Andreu, caracterizado de Rajoy, comienza a entonar las frases más míticas que ha dejado el paso de Mariano Rajoy por el Gobierno]*:

> España es una gran nación,
> y los españoles muy españoles y mucho españoles.
>
> Cuanto peor, mejor para todos,
> y cuanto peor para todos mejor.
> Mejor para mí el suyo beneficio político.
>
> Es el vecino el que elige el alcalde,
> y es el alcalde el que quiere que sean los vecinos el alcalde.
>
> Somos sentimientos y tenemos seres humanos.
> Un vaso es un vaso y un plato es un plato.
> Todo es falso, salvo alguna cosa.
> Va a subir el IVA de los chuches.
> Los catalanes hacen cosas.
> *It's very difficult* todo esto.
> ¿Y la europea?
> ¡Viva el vinooooo!
>
> Fin de la cita. Fin de la cita. Fin de la cita. Fin.

¡Bienvenidos a *Late Motiv*!

QUE ALGUIEN PARE, COÑO

Martes, 5 de junio de 2018

Buenas noches.

Hoy es nuestro programa 404. Con la que está cayendo, nos vamos a caga... *[Aparece un grafismo en pantalla «Error 404 NOT Found. Chiste no encontrado»].* Nos ha salido el error 404. Es humor informático. Si no lo entendéis, salís y volvéis a entrar.

Pero la noticia del día es que el hombre que ha llevado a España a lo más alto, que mejores momentos nos ha dado, y seguramente el español más rápido que existe, hoy ha anunciado que lo deja. Dani Pedrosa deja Honda.

Y otro que también anda deprisa, Rajoy, ha anunciado hoy que se retira de la presidencia del partido, pero seguirá en el PP. Nosotros hemos resumido a la manera de Mariano esta retirada. Es más o menos así *[muestra un vídeo de Mariano Rajoy haciendo* running *marcha atrás mientras suena el himno del Partido Popular].*

Como ha comentado Bob Pop durante los ensayos «¿es posible que ande mejor hacia atrás que hacia adelante?». Y no le falta razón. Fíjate que hacia atrás va más recto, va de culo.

Todas las televisiones han retransmitido la comparecencia de Mariano en directo. Todas excepto TVE, que estaban dando esto *[muestra una fotografía de diferentes televisiones emitiendo la comparecencia, menos una donde se ve un grafismo que pone «Viva Cuba Libre»]*. Cuba Libre, que es lo que se estarían tomando los directores de la televisión pública que pagamos entre todos. Eso, o a lo mejor es que ha entrado el socialismo tan a destajo, de tal manera, que han dicho *[con acento cubano]* «venga, pon revolución, pónmelo todo». Y Rajoy... Ayer lo despedimos por todo lo alto y ha tardado solo un día en darnos mandanga de la buena. Sí, amigos, un grande no se va de cualquier manera, se va dejando el estilo, ahí como diciendo *[imitando a Rajoy]* «supéralo, *sabesh*». Nos ha dejado un *bonus track*, una de sus *rajoyas [aparece un fragmento del vídeo de la comparecencia en el que Rajoy dice: «Lo hago por dos razones, es lo mejor para mí y para el Partido Popular. O dicho de otra forma, es lo mejor para el Partido Popular y para mí»]*.

Es un maestro *[Andreu aplaude]*. Se va por la puerta grande. O lo que es lo mismo, no se va por la puerta pequeña. Yo tengo la teoría de que tiene un asesor al lado que le da esas frases. Tú no puedes llevar siempre ese nivel tan alto, ¡no puede ser! Y más en un día tan jodido, que es el de tu despedida. Incluso se ha emocionado, ha llorado un poco. Seguro que tiene un asesor al lado al que le dice: «Dime una de esas frases tuyas, tú... ¡filósofo!».

Pero esto no acaba aquí. Atención a la frase que suelta para pedir a sus compañeros que dejen de aplaudirle, que de una manera lógica, pues estaban como rindiendo un homenaje, pero no le ha gustado *[muestra un vídeo con otro momento del final de la comparecencia, todo el mundo aplaude a Rajoy y él dice «joder, que alguien pare, coño»].* Una de sus últimas palabras como presidente del PP. Qué gran metáfora. Igual no estaría dimitiendo si hubiera dicho lo mismo con la corrupción en su partido. Mariano, hasta el final es... el mejor en lo suyo.

Ya está. Mariano ya es historia, reciente pero historia. Mientras, Pedro Sánchez, el carismático, sigue formando gobierno. Ahora mismo puede nombrar ministro a quien quiera. Cuidado, yo aviso *[dirigiéndose al público].* Porque tenéis los móviles apagados, que, si no, igual lo enciendes y «¡coño! ¡que me han ofrecido un ministerio!». Estoy acojonado. Porque viendo el ritmo al que va sacando nuevos ministros, le puede tocar a cualquiera. Yo creo que los que hay hasta ahora han sido elegidos así *[muestra un vídeo con el Sorteo de los niños de San Ildesánchez, una parodia del sorteo de la Lotería de Navidad donde los niños cantan los nombres y los cargos del nuevo gobierno que salen en las bolas del sorteo].* Ministras, ministros: que la suerte os acompañe.

Hay muchos cambios. Por ejemplo, en Hacienda, teníamos a un Montoro y ahora estará una Montero. María Jesús Montero. Solo cambia una letra. De Montoro a Montero. El siguiente será un Mantero... que también, tal y como va la economía...

Y a Borrell le han dado Exteriores. Que, por cierto, hace dos años, y esto es verdad, a Josep le estafaron ciento cincuenta mil euros por internet. Es un tipo listo, pero, por lo que sea, a veces hace pausas.

Tú imagínate que Borrell recibe mañana un *mail* que dice: «Hola, soy el príncipe de Nigeria, vengo a España de visita oficial, ¿tú me puedes pasar tus datos bancarios?». Y Borrell dice: «Hombre, una vez me lo han hecho, pero dos, no». ¡Y los vuelve a mandar!

La que nos dará perlas es la vicepresidenta Carmen Calvo, vamos a seguir de cerca a esta mujer. Ya dijo cosas en el pasado como (y cito textualmente): «Me gusta madrugar para pasar más rato en el baño: allí hablo por teléfono con alcaldes, en bragas». Es exactamente lo que quiero saber de una vicepresidenta de nuestro país, ¿no? Que está en bragas en el baño hablando con alcaldes.

También dijo: «Deseo que la UNESCO legisle para todos los planetas». Igual me he perdido algo yo, eh. Pero no sé, ¿para qué? ¿Para poder hablar con el alcalde de Neptuno... en bragas?

Y en Economía han nombrado a Nadia Calviño. Pero la que se comerá el marrón catalán será Meritxell Batet, que tiene muy claro el tema de Cataluña. En una entrevista dijo: «Mi concepto de nación... depende del contexto». Todavía está el periodista petrificado, lo tuvieron que evacuar.

La ministra de Sanidad se llama Carmen Montón. Carmen Montón. ¿Os hace gracia el apellido? Del montón... Pues os recuerdo que la anterior ministra de Sanidad se llamaba Mato. Y la anterior de Defensa, Dolores. Por lo menos da más confianza Montón; ni te mata ni te provoca dolores.

Montón es licenciada en Medicina. No quiero precipitarme, pero parece que por fin hay una ministra que entiende su ministerio. No es una ministra... *[imitando a Matías Prats]* del montón.

Pero donde Sánchez lo ha clavado es con Adriana Lastra, la nueva portavoz en el Congreso. Dejó de estudiar a los dieciocho años para entrar en el PSOE. Es una jugada maestra: así seguro que no le van a pillar un currículum falso. Que, por cierto, lo tengo aquí *[abre un sobre y saca un post-it donde pone «Adriana Lastra, socialista nivel usuario»]*.

Bueno, pues, oye, vas de cara. Ahora mismo, Sánchez puede crear los ministerios que le dé la gana. Podría crear hasta el Ministerio del Tiempo, y poner a Felipe González. ¿A que acojona? *[Imita a Felipe González]*. Por consiguienteeeee... Lo veo ahí con el puro y el bañador.

Ya que estamos, yo le quiero hacer algunas propuestas: viendo lo que ha hecho por el PSOE, que monte un Ministerio de Justicia poética y ponga de ministro a Bárcenas. O ¿por qué no hacen a Miquel Iceta, que es la alegría de la huerta, Ministro de Energía? Con la que genera bailando, él solo puede iluminar Guadalajara. Aunque, hablando de ministros, yo creo que Sánchez ya está tardando en nombrar nuevo ministro de Interior a... su paquete. *[Enseña una fotografía de un mitin de Pedro Sánchez con un prominente bulto debajo del cinturón]*. Tampoco sería la primera vez que tuviéramos un paquete de ministro.

Mientras tanto, Kim Jong-un y Donald Trump siguen en su planeta de excéntricos con el pelo raro. Son los Punsets del mal.

El pasado fin de semana, Kim le envió a Trump una carta, y ha habido cachondeíto por el tamaño del sobre. Atención *[aparece la imagen de Trump en su despacho de la Casa Blanca con un sobre gigantesco]*.

¿Tú te has fijado? Un sobre tamaño Albiol. Por cierto, ¿qué van a hacer con Albiol? *[Suena un* sampler *de* La familia Addams*]*. No quiero imaginar el momento de tener que chupar ese sobre. También te digo que es normal que los sobres ahora sean más grandes. Desde que se ha ido el PP sobra mucha materia prima. *[Con voz de Matías Prats]*. Sobra... sobre.

Gracias a nuestro equipo de investigación, nosotros hemos conseguido ese sobre, y nos morimos de ganas por saber qué puso dentro Kim Jong-un. ¡Que entre el sobrazo! *[Desde regiduría le pasan un sobre gigantesco a Andreu]*.

A ver qué habrá puesto Kim... *[Andreu empieza a romper el sobre en pedazos, hasta que da con un papelito en su interior en el que pone «¿A que jode?»]*.

¡Bienvenidos a *Late Motiv*!

LA ROJA *ON FIRE*

Miércoles, 13 de junio de 2018

Buenas noches.

Màxim Huerta, el ministro de Cultura y Deporte, ha dimitido esta tarde. A partir de hoy, Mìnim Huerta. Siete días ha durado en el cargo; es el ministro que dimite más rápido en la democracia, es el Usain Bolt de los ministros. Para no gustarle el deporte, acaba de marcarse un buen récord.

Màxim ha estado siete días justos en el gobierno. En Televisión Española ya están preparando una serie sobre su trayectoria *[muestra un grafismo de* El Ministerio del Poco Tiempo*]*. El motivo es que hoy se ha sabido que hace diez años cometió una infracción a Hacienda por valor de doscientos mil euros. Que también te digo... que defraudar a Hacienda lo acerca mucho al mundo del deporte profesional. Pero lo mejor del caso es que, justamente ayer, nuestro compañero Bob Pop decía esto sobre Màxim Huerta *[pone un corte del programa del día anterior en el que Bob Pop dice «Màxim lo va a hacer muy bien. Màxim es nuestro ministro. Es el ministro estrella de este gobierno»]*.

Tengo curiosidad por saber qué está haciendo Bob, que no lo he visto en toda la tarde, el Sandro Rey de la política, el «Bobstradamus». De todas formas, me gustaría saber cómo está Bob. Conectamos con el *backstage*. *[Vamos a la zona de camerinos, allí está Vero en el pasillo y le dice a Andreu: «Bob no está en backstage ni nada, no quiere salir del camerino. Voy a picar otra vez, pero... me da mucha vergüenza». Llama a la puerta del camerino de Bob. «¡Que no voy a salir, Vero, que no voy a salir!», dice la voz de Bob Pop desde detrás de la puerta. Vero contesta: «Bob, sal, que Andreu quiere hablar contigo». Y Bob: «¿Qué voy a hacer yo con esta papeleta?». Finalmente, abre la puerta, lamentándose: «Pero qué mierda de trayectoria tengo. Qué falta de credibilidad. ¡Soy la nueva Lidia Lozano!». Andreu le hace una pregunta cachondeándose de él: «Bueno, pero yo quería preguntarte como experto, ¿qué va a pasar con Grande Marlaska?». Bob se anima y comienza a contestar: «Bueno, pues a Marlaska yo lo veo...». Andreu lo corta: «¡Déjalo! Que tú, ministro que tocas, ¡ministro que dimite!». Finalizan la conexión].*

¿Y ahora qué? Ahora tendrán que nombrar un nuevo ministro. ¿Quién será? Tiene que ser alguien que esté libre. *[Andreu mira hacia atrás y se asegura de que no lo escucha nadie].* Dicen que suena... ¡Superexclusiva! Lopetegui. Luego hablaremos de eso también. Porque vaya día para el Ministerio de Cultura y Deporte. Hoy se ha ido uno de Cultura y uno de Deporte. *[Suena el móvil de Andreu].* ¡Hostia! ¿Será...? Un momentito... *[lo coge].* ¿Sí? ¿Quién es? Ah, el presidente. *[Hace gesto de «qué fuerte»].* Dime, Mariano. Ah, perdona, Pedro, la costumbre. [...] Hmmm... Vale... Pues sí, sí. Venga, vale. No me lo esperaba. Adiós, adiós, adiós. *[Cuelga].* Que soy ministro de Cultura y Deporte. *[El público se pone de pie y lo ovaciona. Vuelve a sonarle el móvil].* Un momento, perdonad, tendría que haberlo puesto en silencio, que me vuelven a llamar. *[Lo coge]*. Hola, Pedro, ¿qué pasa? Ajá. Bueno, vale, vale. ¿Ya? No me ha dado tiempo ni de llamar a mi gestor, porque una vez me retrasé con el IVA. Pues nada, adelante con España y la cultura, un placer. Hasta luego. *[Cuelga]*. Que ya no lo soy. Bueno, pues nada. Parece que esto ahora va así. Yo ya he superado el récord de Màxim. He durado menos que una independencia.

Seguimos, ¡vaya día! Hoy la Audiencia de Palma ha dado cinco días para entrar en prisión a Urdangarin, el duque empalmado. Que no es el mejor mote para entrar en prisión. Se genera una expectativa en ese centro que no te juega a favor.

Cinco días. Seguro que hace como un estudiante de Selectividad y lo deja todo para el último día.

Pero ojo, que hoy hemos sabido que a los dos meses ya puede pedir el tercer grado: te dejan salir para ir al trabajo y los fines de semana. Aunque ya te digo yo que, para ir a trabajar, no va a salir.

Ánimo, Iñaki, piensa en positivo: lo bueno de ir a la cárcel es que no tienes que hacer mudanza. Ya hay gente dentro que te ayuda. Por ejemplo, Luis Bárcenas, que está muy fuerte. Ya verás, lo vas a notar.

Pero ni Urdangarin, ni Màxim Huerta. Os voy a dar otra noticia. El campeón del día es un señor que para entrar en su finca sin maniobrar ha modificado la línea continua que daba a su propiedad. ¿De dónde es? De Lepe. Vamos a ver su obra de arte *[enseña la foto del diario* El País, *con la línea continua pintada]*. Ahí está. Un aplauso para este *crack*. *[El público aplaude]*.

Lo primero que ha pensado el señor cuando lo han detenido ha sido: «Pero ¿cómo se han dado cuenta?». Yo creo que en Lepe se han picado porque Murcia les está comiendo la tostada con las coñas. Así que se han puesto manos a la obra y han dicho: «Sujétame el cubata y pásame ese bote de pintura».

Me ha interesado mucho este tema. El infractor responde a las iniciales L.M.C., que debe de ser «Líneas Mis Cojones». La Policía le ha dicho: «¿Cambiar las normas porque te venga bien? ¿Qué te crees, político?». Va a ser juzgado por un delito contra la seguridad vial. O, como diría Màxim Huerta, «por un cambio de criterio de Tráfico».

Y terminamos con el tema del día: ¿creíais que lo peor que le podía pasar a la selección española era la canción de Taburete? Pues no.

Hoy Lopetegui ha sido destituido como seleccionador, después de anunciar que había fichado por el Real Madrid. Con la selección nacional pasa como con las bodas: antes de tiempo, trae mala suerte ver al entrenador de blanco. Chiste finito.

El pobre ha caído antes de cuartos. Es el primer caso de un entrenador que cae antes que su equipo. España, siempre innovando. No le ha dado tiempo ni de decepcionar. Ha durado menos que una declaración de independencia. Hoy hemos descubierto que, en vasco, Lopetegui significa «lo iba a petar, pero no».

La decisión la ha anunciado en rueda de prensa el presidente de la Federación Española, Luis Rubiales. Hay un detalle que me hace gracia de este señor, igual soy yo, que soy tonto. Fijaos en su apellido: «Rubiales». Ahora visualizad el concepto «rubiales». ¿Lo tenéis en mente? Bien, veamos su cara. *[Muestra la foto de Rubiales, que está completamente calvo]*. Tiene el pelo en B.

Encima, en dos días España juega contra el campeón de Europa, Portugal. Pero miremos el lado positivo: por muy baja que esté la moral de nuestros jugadores, siempre estará más alta que la de un portugués.

Y hoy también se ha anunciado el sustituto: será Fernando Hierro. Durante unas horas, la selección estaba como Iniesta: le faltaba Hierro. Le deseamos mucha suerte a Fernando, porque es un optimista. De toda su carrera deportiva, yo me quedo con esta frase que dijo cuando entrenaba al Oviedo, después de perder contra el Almería *[aparece un tuit en pantalla]*: «He visto bien al equipo con el cambio de sistema. Salvo los tres goles, no hemos concedido mucho».

¡Este tío tiene mentalidad ganadora! Por lo que sea, no le salió ese día, pero... Yo también veo bien a la selección. Salvo cambiar de seleccionador a dos días del Mundial, no hemos sufrido mucho. Nosotros hemos recreado en un vídeo lo que ha pasado con el Madrid, Lopetegui y la Roja.

Ahí está el responsable y hay que decirlo *[da paso a un videomontaje en el que vemos a Florentino Pérez caminando y un autobús explotando a sus espaldas]*.

¡Florentino *on fire*!

¡Bienvenidos a *Late Motiv*!

THE FINAL CONDON

Jueves, 5 de julio de 2018

Buenas noches.

Bienvenidos al último *Late Motiv* de la temporada.

¡Tres temporadas ya en Cero! Al ser Movistar, tenemos contrato de permanencia. Son ya tres años viniendo a Tres Cantos, Las Vegas de Madrid. Que dices... *exagerao*. Pues no. Esto es un carrusel de emociones. ¿Sabes *Ocean's Eleven*? Pues aquí rodaron las diez anteriores.

Estamos muy contentos. Hoy es un día para echar la vista atrás, y también para reconocer al equipo el mérito de haber dado el callo otra temporada y ganarse el futuro. Me gustaría pedir un aplauso para ellos. ¡Gracias a todos los que estáis aquí! ¡A todos! *[El público aplaude]*. Y a la banda. Teníais que haber visto a esta banda cuando los sacamos del club de carretera donde estaban. Enhorabuena por haber llegado hasta aquí. Con horarios fijos, con cara de salud, un bocata cada noche... Somos la viva imagen de España: un catalán, un madrileño, un aragonés, un gallego, un vasco... y ninguno está bien de lo suyo. *[Hablando a la banda]*. Por cierto, habéis hecho actuaciones inolvidables. Con Coque Malla, Amaral, Ariel Rot... Pero yo no me quito una de la cabeza, vamos a recordarlo. *[Pone el fragmento de un programa anterior en el que Pablo Novoa canta un rap con la música de* El príncipe de Bel Air*].*

¡Fantástico! Maravilloso, Pablo. Lo llamaremos «actuación desagüe», porque toda la credibilidad se va por ahí. Fue maravilloso. ¿Algo que añadir, Novoa? *[Pablo Novoa responde: «Yo creo que eso es un aumento de sueldo». Andreu pone cara de enfado. Y Novoa, al verlo, dice: «Bueno, estoy dudando. No me lo subas. De hecho, bájamelo, mejor». Andreu responde: «Gracias, Pablo, lo apunto»].* Estoy muy contento de haber llegado a final de temporada. Digo esto porque os recuerdo que empecé el año poniéndome enfermo. Justo la semana del uno de octubre, donde caían las hostias en Cataluña, y yo con fiebre en mi casa. Me pensaba que era el fin del mundo tal y como lo conocemos. ¿Casualidad? ¡No lo sé! Lo mejor es que yo pienso que lo que vi aquellos días fueron las típicas alucinaciones al salir de la anestesia. Me sustituyó David Broncano. Bueno, me sustituyó... estaba vacío y se puso. ¡Justo cuando viene Ken Follett! Un autor británico, la elegancia. Y el tío con toda su pachorra, esa que tiene de Jaén, va y le suelta esto al final *[pone el fragmento final de la entrevista de Broncano a Ken Follett. Broncano se despide del escritor diciéndole: «Muchas gracias por venir y muchas gracias por seguir escribiendo libros a pesar de tener tres castillos»].*

Ken Follett, que yo lo conozco porque ha venido otras veces, todavía está en su casa dándole vueltas. *[Imitando a Ken Follett]. «Oh my God! What the fuck!* ¿Quién era ese tío que parecía que aparcaba los coches y en realidad era el presentador?». Bueno, se ve que en los despachos de Cero no están muy bien *[hace un gesto de fumar]*, porque le han dado un programa a David. Eso te reconforta, porque cualquiera puede hacer televisión.

Y en esos días también me dejé bigote como protesta hasta que Rajoy y Puigdemont hablaran. Como un gran gesto: «Hasta que no hablen, no me afeito». Mira: *[aparece una foto de Andreu con bigote].* Yo creía que era guay, hípster, pero en realidad parecía un funcionario de correos de los setenta. ¿Sabes qué es lo más grave? Que teóricos amigos me decían «¡te queda bien!». Y yo pensaba: «¡Tú no eres un amigo!». Al final, incumplí mi promesa por lo que visteis: Puigdemont y Rajoy, por lo que fuera, una cosa de agendas, no se vieron, no se han visto, de hecho.

Este año hemos tenido muy buenos invitados. Incluso entrevistamos a un ministro. Bueno, antes de que lo fuera, pero ministro al fin y al cabo. Me refiero a Màxim Huerta. La entrevista duró más que su mandato.

También tuvimos a Amaia, de *Operación Triunfo*, antes de que fuera a Eurovisión. Está claro que le dimos suerte.

Este año también hemos hecho un programa especial sobre la rumba, muy bonito, y también un especial sobre series.

Vinieron todos los grandes creadores que han hecho series de prestigio en Movistar, y también vino Berto.

Otro día pude presentar un especial de *La Resistencia*. Nos cambiamos los programas y me tocó ir allí. Es como el *after* de Movistar, porque cuando vas ya te han cerrado el resto de programas. *[Con voz de borracho]*: «¿Qué hay abierto a esta hora?». Y te dicen: «Queda *La Resistencia*, pero mejor vámonos a casa». *[Sigue borracho]*. «¿Qué pasa, que mis chistes no valen?». Me vine arriba, y la verdad es que quedó bastante bien.

Y, por si no fueran suficientes cosas, este año me he mudado a Aravaca. Perdonad que os pegue la chapa. Donde Pablo Casado hizo el cursillo que decía que era de Harvard. Donde estudie Pablo Casado quiero estar yo.

Cuando paseas por Aravaca, te encuentras los másteres por el suelo... En los limpiaparabrisas de los coches que anuncian *night clubs*: «Ven a pasar una noche agradable». Que tú dices: «Lo cojo, pero no voy a ir...». A mí me ha pasado. Vacié el buzón y tengo un dos por uno en Telepizza y un máster en Dirección y Administración de Empresas. Bueno, pues eso que tengo, si me falla esto.

Como os conté en su momento, en Aravaca tenía de vecino a Rajoy. Pero ahora ya no. Qué mala suerte, yo con esa ilusión, digo «a ver si me lo encuentro por la calle andando un día». Yo salía por las mañanas y me decía «ya verás, esta tiene que ser la hora...». Y van y lo destinan a Santa Pola, ¡joder! De hecho, me ha dejado las llaves de su casa para que le riegue las plantas. Están muertas, como él nunca hace nada... *[imita a Rajoy]* «Míratelas tú, pero yo he hecho el pensamiento de que si no me muevo, igual se hidratan solas». Y no, qué va, qué va, yo entro allí y aquello es un cementerio.

Hoy venía pensando que me gustaría daros un mensaje para el verano. Una frase inspiradora, pero no se me ocurría nada que estuviera a la altura del momento. Hasta que he entrado en Twitter... y he visto al Cigala y Eduardo Gómez. Creo que ellos tienen el mejor mensaje que podría daros *[pone un vídeo de la cuenta de Twitter de Eduardo Gómez en el que aparece en un restaurante con El Cigala cantando: «Toooodooo es de coloooor, tooodooo es de colooor...»].*

Todo es de color. Ya está, no le des más vueltas, *[cantando]* ¡tooodoooo es de colooor! Y ya está. Me encanta, es como un Epi y Blas, pero pasado por... ¡me encanta! Lo han llamado «flamenco en estado puro», pero yo creo que estaban en «estado líquido». Bravo por ellos.

Y bueno, que estoy muy emocionado. Hoy para mí es un día especial, puede ser mi gran noche, como en la canción de Raphael, que, por cierto, también vino este año. Está como un chaval, vino a cantar, ¡muy bien!

Ha sido uno de los *hits* de este año. Por Raphael y por Mariano, que lo baila mucho en las fiestas. No por actual, sino porque lo bailó uno de los presidentes que más ha hecho por el humor en España. ¿Os acordáis? *[La banda comienza a tocar y Andreu canta la siguiente versión de* Mi gran noche *imitando el baile de Rajoy]*:

Hoy para mí, es un día especial,
Es mi última noche
Me voy a ir, a la playa a nadar
o a los autos de choque

Pero al volver, habrá algún movidón
otra moción de censura
otro marrón, o Cifuentes se hará
monja de clausura

¿Qué pasará, qué ministros habrá?
¿Nombrarán a Pedroche?
Fernando Alonso al final de verdá
acertará con el coche

Yay, yay, yay, yay,
Yaylalalaralalay, yalalalaralayla.
Yay, yay, yay, yay,
Yaylalalaralalay, yalalalaralayla.

¿Qué pasará, qué histeria habrá?
Seguirán los derroches
Y a lo mejor en Podemos habrá
Algún que otro reproche
Galapagaaaaar
lalalalalala, lalalalala
Yay, yay, yay, yay,
Yaylalalaralalay, yalalalaralayla.

¡Buenas noches!
¡Bienvenidos a *Late Motiv*!